世界標準のビジネスエリートが実践する

プロ格闘家流

史上最速ダイエット

戸井田カツヤ

清談社
Publico

はじめに
最高のコスパを保証する「史上最速ダイエット」とは何か?

戸井田《といだ》カツヤです。「修斗《しゅうと》」という総合格闘技でプロデビューしてトップランカーとしてリングに立ち、2013年に引退を表明するまでの戦績は30戦して13勝13敗3分（無効試合1）。2007年より「総合格闘技 和術慧舟會《わじゅつけいしゅうかい》 トイカツ道場」を設立し、現在は都内31店舗をはじめ、全国に43店舗の道場やジムを運営しています。

「トイカツ道場」は「**格闘技の食べ放題**」と銘打ち、「あらゆる種類の格闘技をいつ来ても学べる道場」として、多くの会員のみなさんに喜んでいただいています。

その多くは、体力づくりやダイエットを目的とし、生涯の趣味として格闘技を楽しんでいらっしゃる方々です。そんな会員の方からの要望を受け、3年半ほど前にダイエットの指南本『プロ格闘家流「できる人」の身体《からだ》のつくり方』（イースト・プレス）を出版しました。本書はその第2弾的な位置づけです。

前著で、私は「ダイエットは一時的な〝イベント〟ではなく、一生続く〝生き方〟そのものである」と繰り返し述べてきました。この考え方は、現在もまったく変わっていません。

その本では「ダイエットのためにはこれをしろ」という内容として、きわめてシンプルに2点のポイントをお伝えしていました。

①運動に関して――「強度の高いトレーニングを短時間行うこと」

②食事に関して――「1日2食」「加工食品は食べるな」「食材に近い食品を食べろ」

この「ダイエットのポイント」に関しても、私の考え方は基本的に変わっていません。**これを守り続けるだけで、誰でも必ずダイエットに成功できます。**

一方、今回の「**史上最速ダイエット**」は、「1カ月〜数カ月という短期間で、ズバッと体重を落とそう」という緊急避難的な取り組みであり、いわば一種のイベントです。本来なら私のダイエット哲学とは相いれないものといえます。

しかし、私のまわりを見ていると、この「史上最速ダイエット」を成功させるノウハウを求めている人が圧倒的に多いことに気づかされます。私のまわりには、ダイエットに関する意識が比較的高い人たち、つまり普段から日常的にトレーニングを行い、さらに食事管理の知識を持っている人たちが多いのですが、それでも「ちょっと太ってしまったから、すぐにでもやせたい」と考える人が少なくないのです。

そして、もちろん格闘家だった私は「**期日までに一気に体重を落とすコツ**」を知っています。ご存じの方も多いと思いますが、ボクシングやキックボクシング、柔道や柔術、総合格闘技などのジャンルを問わず、多くの格闘技は体重制で出場階級が決められます。そのため格闘家のなかには試合前の1～2カ月程度で普段の体重から5～10kg近く落とすダイエットを経験している人間がいくらでもいるのです。

普段から比較的引き締まった身体をしているアスリートにとって、短期間での5～10kgの減量は、まさに「大仕事」です。

本書PART2の後半で少し触れますが、そのなかにはみなさんには少しおすすめしづらい、えげつない方法をとる人もいると聞きます。しかし、私自身はその手の反則技を使った経験はほとんどありません。

それでも、私は試合前のダイエットに想定以上に苦しんだり、失敗して計量失格になったり、もしくは「計量はパスしたけれども、試合で思ったようなパフォーマンスが発揮できなかった」というようなダイエットの失敗も一度も経験がありません。

人間の身体は正直です。アスリートなら普段から気を使っている食事管理とトレーニング。その強度を必要なだけ少し上げることで、結果に確実につながっていくのです。

これは、仮にアスリートではない、**普段から食事管理やトレーニングに無頓着だったような人が「正しいノウハウ」を身につければ、より明確な効果が期待できるということです。**

本書はPART1～7の全7章の構成です。

◎PART1――トイカツ・メソッド「史上最速ダイエット」用30秒トレーニング

「史上最速ダイエット」のためのトレーニング「トイカツ・メソッド」を、写真を使って紹介しています。それぞれ1セット30秒程度で実行できる10種類の筋トレです。

◎PART2――史上最速ダイエットの「設計図」をつくろう

ダイエットで最も大切な「約束を守る力」＝「コミットメント力」は、ビジネスの成功とも通底します。この章では「史上最速ダイエット」にコミットするために最も重要な、スタート時に行う「設計図づくり」の考え方を紹介します。

◎PART3――史上最速ダイエット【食事編】

糖質オフで1日2食、食材のかたちを残したものを食べるべし。「食」の古い常識から解放された、「真に健康のための食事」について語ります。

◎PART4――史上最速ダイエット【運動編】

メインは無酸素運動（筋トレや短距離走）で、そのあとに有酸素運動を少々。筋トレで筋肉を大きくすることによる数々のメリットを紹介します。

◎PART5――史上最速ダイエット【リバウンド防止編】

短期間でやせても、リバウンドしては意味がありません。本章では「史上最速ダイエット」のアフターフォローとして、リバウンド防止のノウハウを語ります。

◎PART6――トイカツが実践！　史上最速ダイエット

少し太ってしまっていた私、戸井田本人が1カ月で5kgのダイエットに挑戦しました。毎日のトレーニングや食事の内容から、体重減少の経過までを掲載しています。

◎PART7——戸井田カツヤ×上念司《じょうねんつかさ》 対談「ダイエットは最もリターンが大きいビジネス戦略である」

私の格闘技仲間であり、ビジネスパートナーでもある経済評論家の上念司さんとの対談です。テーマは「史上最速ダイエット」および「ダイエットとビジネスの関係」です。

「史上最速ダイエット」といっても、魔法のようにやせられる特別な方法があるわけではありません。しかし、**ダイエットはきわめて計画的に、地道にやるべきことをやれば、誰でも思ったとおりの成果を出すことができます。**

とくに夏を前にボディーメイクをしたい方などにおすすめです。ぜひ、この本のトイカツ・メソッドを実践して、素敵な身体を手に入れてください。

戸井田カツヤ

世界標準のビジネスエリートが実践する
プロ格闘家流　**史上最速ダイエット**

目次

PART 1

トイカツ・メソッド「史上最速ダイエット」用30秒トレーニング
――プロ格闘家が考え、実践する最強ノウハウ

PART 2

史上最速ダイエットの「設計図」をつくろう

――目標、計画、実行、検証サイクルが生む「やせる仕組み」

PART 3

史上最速ダイエット【食事編】

——流行の食材に左右されない「食べ方」の最終結論

PART 4

史上最速ダイエット【運動編】

——体内の「やせるメカニズム」を味方につけろ

PART 5

史上最速ダイエット【リバウンド防止編】

――これが「コミットできる人」の考え方だ

PART 6

トイカツが実践！史上最速ダイエット

――すべて自分の身体で「1カ月で5kg減」を大検証

PART 1

トイカツ・メソッド「史上最速ダイエット」用30秒トレーニング

プロ格闘家が考え、実践する最強ノウハウ

1セット30秒で全身の筋肉に効く! 全10種類のトレーニングはそれぞれ鍛えられる筋肉が異なるので、1日おきに3~5種類をこなせばOK。「腕立て伏せ」などのおなじみのトレーニングも「正しいやり方」を意識することで、引き締まった身体を手に入れやすくなります。

モデル:戸井田カツヤ

Toikatsu Method 1

「史上最速ダイエット」用 30秒トレーニング

腕立て伏せ

① 腕を肩幅に開いて手のひらを床につく

② 手足を伸ばして身体を浮かせる

③ わきを締めて腕を曲げ、身体を床に近づける

④ 腕を伸ばして②の体勢まで戻す

鍛えられる筋肉

三角筋（肩）、
上腕三頭筋（上腕部）、大胸筋（胸）

トレーニングの目安

10回×3セット
（難しいようなら5回×3セット）

\POINT/

腕は肩幅でわきを締め、
手の指は正面に向ける

Toikatsu Method 2

「史上最速ダイエット」用 30秒トレーニング

後ろ腕立て伏せ

① 仰向けで膝を曲げて両手両足をつき、腰を浮かせる

③ 肘を伸ばして①の体勢に戻す

② 両手の肘を小さく曲げる

POINT

腰は最初から最後まで浮いたまま

鍛えられる筋肉

三角筋（肩）、
上腕三頭筋（上腕部）

トレーニングの目安

10回×3セット
（難しいようなら5回×3セット）

Toikatsu Method 3

「史上最速ダイエット」用 30秒トレーニング

ジャンプスクワット

① 足を少し開き、
力を抜いて立つ

② 膝を曲げて
腰を落とし、
手を床につける

③ 膝を伸ばし、
その勢いで
ジャンプする

鍛えられる筋肉

大腿四頭筋（太腿前側）、
ハムストリング（太腿裏側）、
大臀筋（尻）

トレーニングの目安

10回×3セット

POINT

手足は意識して
きれいに伸ばす

Toikatsu Method 4

「史上最速ダイエット」用 30秒トレーニング

片足スクワット

② 膝を曲げて
腰を落とす

① 壁の横に立ち、
片手を壁について
片足を上げる

④ 膝を伸ばし、
①の体勢まで戻る

③ 完全にしゃがみ込む
まで膝を深く曲げる

＼POINT／

上級者は壁に手をつかずに挑戦してみよう

鍛えられる筋肉

大腿四頭筋（太腿前側）、ハムストリングス（太腿裏側）、大臀筋（尻）

トレーニングの目安

10回×3セット
（難しいようなら5回×3セット）

Toikatsu Method 5

「史上最速ダイエット」用 30秒トレーニング

サイドステップ

① 右足を横に出し、身体を右斜め前に倒す

② 左手を右爪先につくところまで屈伸する

③ 左足を横に出し、右手を左爪先につける（左右逆転）

④ ①〜③を繰り返す

鍛えられる筋肉

大腿四頭筋（太腿前側）、大臀筋（尻）

トレーニングの目安

15回×3セット

\POINT/

右手は左爪先、左手は右爪先に触れるところまで屈伸する

Toikatsu Method 6

「史上最速ダイエット」用 30秒トレーニング

ふくらはぎトレーニング

① 壁際に立ち、片手を壁につけて片足立ちする

② 地につけた足で爪先立ちする

鍛えられる筋肉

下腿三頭筋（ふくらはぎ）、大臀筋（尻）

トレーニングの目安

15回×3セット

POINT

段差があるところでやると効果倍増！

Toikatsu Method 7

「史上最速ダイエット」用 30秒トレーニング

足上げ

① 膝を伸ばしてお腹を触りながら床に寝ころぶ

② 腹筋の力で足を90度まで持ち上げる

③ 足を伸ばしたまま下げて床につける。これを繰り返す

鍛えられる筋肉

腹筋

トレーニングの目安

10回×3セット

\POINT/

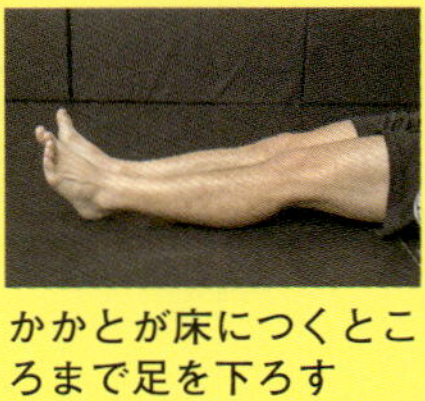

かかとが床につくところまで足を下ろす

Toikatsu Method 8

「史上最速ダイエット」用 30秒トレーニング

足組み腹筋

① 床に寝ころび、
左手を頭の下に、
右足を上にして
足を組む

② 左の肘を右の膝に
つける形で身体を
起こす。これを5
回繰り返す

③ 右手を頭の下に、左足を上にして足を組む（①の左右逆）

④ 右の肘を左の膝につける形で身体を起こす。これを5回繰り返す

鍛えられる筋肉

腹筋

トレーニングの目安

左右5回ずつ×3セット

＼POINT／

肘を反対側の膝にしっかりつけるまで身体を起こす

Toikatsu Method 9

「史上最速ダイエット」用 30秒トレーニング

ワニ歩き

① 両手のひらと足の裏をつけて腰を浮かせ、右手と左足を前に出す

② 続いて左手と右足を前に出す

③ ①と②を繰り返して前に進む

④ 10mほど進んだらゴール

鍛えられる筋肉

広背筋、腹筋、上腕三頭筋、大腿四頭筋

トレーニングの目安

10m歩行×3セット

\POINT/

右の肘と右の膝、左の肘と右の膝が交互に接触する形

Toikatsu Method 10

「史上最速ダイエット」用 30秒トレーニング

かかと背筋

① 床にうつ伏せに寝ころび、両手は肘を曲げて前へ

② 右手を後ろに回し、左足のかかとにつくところまで身体を反らす

③ 左右を逆転させて、②を繰り返す

＼POINT／

手がかかとに触れるところまで、しっかり身体を反らす

鍛えられる筋肉

広背筋、脊柱起立筋

トレーニングの目安

左右10回ずつ×3セット

PART 2

史上最速ダイエットの「設計図」をつくろう

目標、計画、実行、検証サイクルが生む「やせる仕組み」

ダイエット意識が高い人でも「史上最速ダイエット」が必要な理由

「1カ月～数カ月という短期間で、ズバッと体重を落とそう」という緊急避難的な取り組み。本書ではこれを「史上最速ダイエット」と名づけました。

多くの人にとって「史上最速ダイエット」が必要になる理由として、私は「前向きな理由」と「後ろ向きな理由」があると思っています。

【前向きな理由の例】

「急なイベントで登壇することになり、大勢の人の前に出なければいけなくなった」

「子どもの参観日で、大勢の保護者たちと並んで教室の後ろに立つことになった」

「自分の結婚式で、ウエディングドレス（もしくはタキシード）がいま以上に似合う体型になりたかった」

「今年の夏にビキニを着るために、ウエストを一気に細くしたい（もしくはマッチョな身体を目指したい）」

これらはたしかに「だらしない身体で人前に出たくない」という悲壮感漂う決断です。しかし、言い方を変えれば「**自分の姿を大勢の目にさらすイベントを〝チャンス〟と捉え、このタイミングでダイエットしたい**」という前向きな理由ともいえます。人間の心理として、このような前向きな理由の場合は、ダイエットのモチベーションを維持することは難しくありません。

一方、次に挙げるのが「後ろ向きな理由」です。

【後ろ向きな理由の例】

「海外旅行で節制を怠ったら、1週間で4kgも太ってしまった」

「負傷してしばらくトレーニングできなかったので、気づいたら腹に脂肪が……」

「正月に実家に帰ったら、うまいものばかりが出てきて一気に腹回りが……」
「年の瀬、忙しくてトレーニングの時間がとれないなかで、忘年会シーズンに断れない会食が増えて……」

じつは、これらは2018年後半から2019年にかけて、私の友人および私自身に実際に襲ってきた悲劇です（くわしくはPART7の対談をご確認ください）。ダイエット本を出版しておきながら恐縮ですが、私自身も少し気を抜いたら、ベスト体重から5kg程度増えてしまうことは十分にありうるのです。

久しぶりに体重が72kgに達した自分の身体を見ると、腹回りに明らかに脂肪がついていて、シルエットも一気にオヤジ臭く……。そのころは格闘家時代は当たり前だった「上半身裸」になることに、やはり抵抗を感じていました。

ちなみに、そんな私自身が「1カ月に5kg」という目標を立てた「史上最速ダイエット」に挑戦した実践リポートをPART6でご紹介するので、ぜひご覧ください。ダイエットスタート時の写真はお腹回りにたっぷり脂肪がついてしまっていたのが一見してわかってしまいます。

さて、これらの「後ろ向きな理由」の場合、へたをすると「気にしているのは自分だけ」という場合もあります。これはつまり、「自分さえ〝だらしない身体の自分〟を許してしまえば、ダイエットのモチベーション自体が消えてしまう」ということになります。

さらにダイエットの目的が少し前の自分への「原状復帰」であるために、達成できたとしても成功したその姿が自分にとっての「目新しさ」に欠けている感覚になってしまいがちです。それだけに、やはり、**少しでも自分に甘えが出てしまうと、「このままでも別にいいかも……」とモチベーションがじわじわ下がってしまうこともあります。**

しかし、どちらかといえば、この「後ろ向きな理由」での「史上最速ダイエット」のほうが身体の状態としては切実にピンチです。

普段からトレーニングや食事管理に意識を高く持っている人たちは「いつものような生活をしていれば、そのうち体型も戻るだろう」と思いがちです。しかし、これが意外と戻らないものです。

よく考えたら、「生活を元に戻す」ということは、すでに太ってしまったことを無視して、いままで体重を維持できていた生活に戻すということ。それではまだ「現状維持」が関の山です。**あなたの身体や脳が、この「太った状態での現状維持」で「よし」としてしまうことが、その大きな理由でしょう。**

ひと月で「体重の5％減」が目安

そこそこの肥満体型の場合、厳格な食事管理やトレーニングをみずからに課すことができれば、1カ月に10kg近く減量することも決して不可能ではありません。

しかし、そこまで過酷なダイエットで体重を落とした人の多くは体型を維持することができません。一度は成功したように見えても、短ければ一度やせてから数カ月、長くても3年ももたずに、へたをすると元の体型より肥満度が上がってしまいます。それではとても「ダイエット成功」とはいえません。

短期間のダイエットの目標としては、「ひと月で自重の5％程度」が上限だといわれています。それ以上に急激にやせてしまうと、身体が「健康の危機」と認識して飢餓や渇きを感じてしまい、抗《あらが》いがたい食欲が湧いてきてしまうのです。

「食欲」が持つ本来の性質が「リバウンド」を呼ぶ

ここで「食欲」というものの正体について少し紹介しましょう。人間の三大欲求のひとつである「食欲」。この欲求には二つの性質があることが近年の脳神経に関する学会研究で明らかになってきています。

ひとつは従来知られている「**体重を一定に保つためのメカニズム」としての食欲**です。私たちは普通に暮らしていると、年間で数百kgもの食事を、とくに意識することなく体内に放り込んでいます。しかし、健康な人の場合、年間での体重の増減は数百g～2kg程度で収まっていることでしょう。

とくに毎日のように体重計に乗って食べる量を気にかけている人でなくても、これだけの精度で「食欲」が管理されている。これって、すごいことだと思いませんか？

みなさんの脳は無意識のうちに「いまの自分の身体を維持するためには、どれくらいのエネルギーを欲しているか」を正確に測り、必要なだけ「食欲」をつくりだしているのです。もちろん、日々のコンディションなどにより多少のズレはあるでしょうが、年間で考えると驚くべき精度といえるでしょう。

そして、「史上最速ダイエット」を成功させるためには、この「体重を一定に保つためのメカニズム」としての「食欲」をダマす、ひいては自分の脳をダマすテクニックも必要になります。これに関しても追って詳述します。

一方、「食欲」が持つもうひとつの性質が、近年の研究で明らかになってきています。それは「**きわめて魅力的な報酬としての食べ物」を欲する、という欲求**です。

野生の肉食動物は、空腹になったら脳や身体の機能を高めて「狩り」を行います。草食動物が最も危険にさらされるのは「睡眠中」と「食事中」です。睡眠中はいかんともしがたいものですが、食事中は集中力を高めて、天敵である肉食動物からの攻撃に備えます。

「食べ物」とは、彼らがさまざまなリスクをとり、集中力を高めて努力を積み重ねたうえで、その代償として得られる甘美な「報酬」としての意味合いを持つのです。「食べ物」自体が甘美な報酬としての意味合いを持つことで、人間の身体は（とくに体重維持、身体維持のために必要でない場合も）、おいしそうなものを見たり、匂いをかいだりしただけで「食欲」が生まれてきます。これが「食欲」のもうひとつの性質です。「食欲」にこの性質さえなければ、人は体重維持にはまったく必要ない「余分なエネルギー」を摂取して太ってしまうことなどないと思われるのですが。まったくままならないものです。

さて、ひと月に自重の5％を超える「やりすぎ」のダイエットが、どのような悲劇につながるのか。この「食欲本来の性質」を考えると答えが出てきます。**「体重を一定に保つためのメカニズム」としての食欲は、「やりすぎ」のダイエットに対して過敏に反応します。**

「この身体は、どんどんやせていっている。いまのままでは体重が維持できない！」

「もっともっと〝食欲〟を強めて、たくさん食べてもらわなきゃ」

けなげにもそのような判断を下した脳が演出する「過剰な食欲」によって、あっという間にリバウンドにつながってしまうのです。

人間の意志の力など、しょせん脳がオートマチックに下すさまざまな判断に勝てるようにはできていません。

あなたのまわりにいる「ダイエット→リバウンドを繰り返す人々」は、このようにして悪循環に陥り続けているのです。

「ダイエットの上限は、1カ月に自分の体重の5%以内」。これを忘れないようにしてください。

通常のダイエットも最初は「史上最速」のつもりで動くべし

仮にあなたが「1年以上の長期間をかけて、じっくりダイエットに取り組もう」と考えている場合も、最初の1カ月を「史上最速ダイエット」のつもりで行うことには大きな意味があります。

「じっくりダイエット派」にも最初は「史上最速ダイエット」のつもりで動くことをすすめる理由のひとつは、**「短期間で〝動ける身体〟を手に入れることで、その先のダイエットがスムーズになる」**ということです。

たとえば、通常なら「トレーニング」といえないくらいの動き（たとえば、わずかな階段の昇降）であっても息が続かず、すぐにバテてしまう。もしくは負荷がそれほどかかっていない筋トレであっても、すぐにできなくなってしまう。とくにもともと肥満体型の方というより、「昔の自分と比べてかなり太ってしまった方」には身に覚えがあるはずです。

そこまでの肥満体をつくりあげてきたみなさんにとっては、ダイエットを始めること自体がかなりのハードルの高さです。さらに、そのハードルを乗り越えて、いざダイエットを始めたとしても、わずか数分のトレーニングでもバテバテになってしまう自分の姿をあらためて思い知らされ、すぐに心が折れてしまいがちです。

そういうみなさんは、たとえば「1年かけて20kgやせる」という目標を立てたとしても、始めてすぐに「やっぱり無理かな……」となってしまい、なかなか目標体重に到達することができないのです。

その場合は、たとえば「1カ月に5kg」(「5%の法則」を考えると、その方の体重は100kg以上ということになります)というようなかたちで、**短期間でズバッとやせる「史上最速ダイエット」を実行したほうが、「まずはこの1カ月だけ頑張ってみよう」という気持ちになることができます。**

そして1カ月だけ我慢してみると、自分の身体の違いに気がつくはずです。たとえば「初期にはバテバテだったトレーニングを実行しても、少しもの足りなく感じる」「筋トレマシンの負荷をより大きくしたくなってくる」。

どれほど強い意志や精神力を持っている人でも、つらい期間は短いほうがいいでしょう。長期的なダイエットにおいても、初期を「史上最速ダイエット」のつもりで取り組み、短期間で動ける身体をつくることで、つらい期間を短縮してその後のダイエットに苦痛なく取り組むことができるようになるのです。

また、ダイエットが長期的なプロジェクトであればあるほど、中間地点で明確な成果の実感があることが、モチベーションの維持に大きくつながります。

たとえば「1年間で20kg」という目標の場合は、単純に月割りすると毎月1・7kg程度の計算になります。でも、その計算どおりに1年間やりおおせた人など、少なくとも私は見たことがありません。誰もが途中で挫折してしまいます。

それより「1カ月で5kg、その後は無理をせずに少しずつ」というかたちで**初期に「史上最速ダイエット」を取り入れたほうが、初期の負荷が多少高かろうとも長期にわたってのモチベーション維持につながっていくのです。**

「急に太った」ときこそ「史上最速ダイエット」

もちろん、先の例でいえば「海外旅行で一気に太った」「忘年会シーズンに一気に太った」というような「**急に太った**」**人にこそ、じわじわやせていく取り組みより、太った分を一気に取り戻す「史上最速ダイエット」のほうがおすすめです。**

その理由は、「少しずつ、じわじわ落としていく」という選択をすると、脳がいまの（太っている状態の）体重を基準として食欲をコントロールし始めるからです。

「体重を一定に保つためのメカニズム」としての「食欲」の精度の高さはすでに触れたとおりです。一気に太ってしまったあとに「元の生活に戻したら徐々にやせていくはず」と思っている人は、認識が甘いとしかいいようがありません。

自分では意識をしていなくても、脳がいまの体重を基準として「食欲」をコントロールしてしまっているので、自分では気づかないうちに「これまでより少しだけ食べすぎてしまう」のです。

「1カ月に体重の5％」という原則を守りつつ、短期間にしっかり目標を決めたダイエット「史上最速ダイエット」を実行しなければ、いつのまにかあなたの身体にとっての「普通」がズレてきてしまうのです。

実際に「史上最速ダイエット」のために「どのような食事管理をすべきか」「どのようなトレーニングをすべきか」に関しては、PART3～PART4で詳述します。**基本的には「史上最速ダイエット」であろうが、「一生続けるダイエット」であろうが、やるべきことは大きく変わりません。**それぞれ「食事管理の強度」「トレーニングの強度」が少し変わる程度です。

その前に、本章では「史上最速ダイエット」を完遂するための最重要事項である「ダイエットの設計図づくり」について紹介していきます。

ダイエットの成功に不可欠な「設計図」をつくろう

前著『プロ格闘家流「できる人」の身体のつくり方』で、私は「**ダイエットに成功できない人は、ビジネスでの成功は望めない**」「**ダイエット力とはマネジメント力のことである**」ということを語りました。

今回のテーマである「史上最速ダイエット」は、通常のダイエット以上にビジネスとの相関関係が強まっていると思っています。なぜなら、「史上最速ダイエット」を成功させるために最も重要な要素は、ビジネスにおいても最重要視される「コミットメント力」だからです。

あらゆるビジネスにおいて「コミットメント力」、つまりは「公約」「成約」「約束」

を責任を持って達成する力が非常に重要視されるのはご存じのとおりです。これがない人間は、どんなに人がよくても、類いまれなるセンスを持っていても、ビジネスの成功を手にすることはできません。

そして、**この「コミットメント力」は、「史上最速ダイエット」を成功させる能力としても当たり前のように必要なものです。**

このコミットメント力を「約束を守る力」と単純にいってしまうと、ことの本質を見失います。ビジネスおよび「史上最速ダイエット」の双方に必要とされている「コミットメント力」とは何かを分析してみると、以下の要素に分けることができます。

①目標を立てる力——達成可能なレベルで最上の目標を設定する能力

②計画を立てる力——目標までの道のりを明確に把握し、「日々の行動」にまでブレイクダウンする力

③実行する力——みずからが立てた計画を地道に実行する力

④確認、検証する力——ミッションの途中で発生するトラブルをもとに、みずからの

行動を省みて問題点を修正する力

これらを総称して「史上最速ダイエット」を成功させるための「設計図」と呼ぶことにしましょう。

「達成可能なレベルで最上の計画を立てて実行し、成果を確認して次につなげる」。ダイエットの成功者なら当たり前に行っているこの行動は、ビジネスにおける「**PDCA（Plan-Do-Check-Act）サイクル**」そのものです。

ここからは、コミットメント力を構成するこの四つの要素に合わせて「史上最速ダイエット」を成功させるための「設計図」のつくり方を紹介します。

目標を立てる＝期限と具体的な数字を明確に

「史上最速ダイエット」を成功させるための設計図。そのなかで最初に必要なのが「**目標を立てる力**」です。

ダイエットにかぎらずビジネスにおいても同じですが、目標を立てるときに大切なことは、「期限と具体的な数字を明確にする」ということです。

「とにかく10kgくらいやせたい」「お腹を引っ込めたい」

普通に聞いていたら、これもダイエットというミッションにおける目標に聞こえてくるかもしれません。しかし、「史上最速ダイエット」を成功させるための目標としては具体性に欠けています。どこが足りないかといえば、1本目は「期間」の指定がなく、2本目は「具体的な数値」が挙がっていません。

漠然としたゴールは「目標」とはいえません。ゴールが漠然としていると、「目標を立てる」の次の段階である「そこにいたるまでの道筋をつくる」＝「計画を立てる」こともできなくなります。ひいては最終的に目標に「コミットメント」することもできなくなるのです。

「〇〇日よりスタート！　1カ月のうちに体重を5kg減らす！」

「今日から始めて、3週間後の海水浴までにウエストを5cm細くする！」

「1カ月のうちにBMIを3ぐらい改善する！」

このように、目標はもちろん「体重減」以外でもOKです。ただし、具体的に成果を数値として表せるものでなければ、達成できたか否かの判断が不明確になってしまい、目標としての役割を果たしていないことになります。

◎明確に期限を決めること→1カ月くらいが目安

◎数値目標を明示すること→体重減なら自重の5％が上限

この二つを意識すれば、ご自身が立てるべき「史上最速ダイエット」の目標は見えてくるでしょう。

計画を立てる＝目標から逆算して「その日の食事」までブレイクダウンする

目標が明確に定まれば、次に行うべきことは「その目標にいたるまでの道筋をつける」ということ。ここで必要になるのが**「計画を立てる力」**です。

どんな大きな目標でも、達成するために必要なのは「細かなタスクの積み重ね」です。ここでいう「計画を立てる」という作業は「ゴールまでの道を細分化し、毎日の細かなタスクに落とし込むこと」。遠くに見えるゴールに着実に向かっていくための「道しるべ」をつくる行為です。考え方としては、以下のとおりです。

①1カ月後に5kgやせるためには、2週間でここまで行きたい

↓

②そのためには、最初の1週間ではここまで行かなきゃ
↑
③1週間でここまで行くためには、今週は○回トレーニングしなきゃ
↑
④さらに今日の、まさに目の前の食事はこうあるべきだ

目標にコミットメントするために、「食事管理」と「トレーニング」の両輪において「自分がどのような行動をとるべきか」を考えることです。この内容も、できるだけ具体的に書き起こすことが望まれます。

たとえば「いつでもいいから週3回」ではなく、スケジュール帳に「この日のこの時間からトレーニング」と書き込んでしまう。**1週間後の欄に「この日までに○kgやせを達成する！」と明確に記しておく。毎日の食事で「食べてもいいもの」「食べてはいけないもの」を手帳の目立つところに貼りつけておく。**「千里の道も一歩から」という言葉がありますが、「10kgのダイエットも目の前の食事から」というわけです。

「未来の計画を「過去のこと」として記入してしまおう」

効果的な計画を立てるため、そしてその計画を実行するための、ちょっとした裏ワザがあります。それは「**計画を〝過去のこと〟として、スケジュール帳に記入する**」という方法です。これは私が自分の会社で、年のはじめに部下に目標を立てさせるときに使う方式と同じです。

【例】

「〇月〇日、この日までに新規入会者〇〇人を達成しました」

「△月△日、この日までに新規出店候補地をすべて回り、周辺調査を資料にまとめました」

「今年中に自分で新しい×××の事業を起こし、黒字化させました」

未来の日付に「起こすべきこと」を「起きたこと」として記入しておく。

この方法はビジネスのみならず、ダイエットでも有効です。

例

「○月○日、この日から負荷を増やして30分トレーニングしました」

「△月△日、夕食は△△を食べました」

「○月○日、この日までに○kgやせました」

「未来」を「過去」として認識することで、「なんとしてもこの未来にコミットしなければ」と考えることができる。それにより「現在」やるべきことが見えてくる。これが「計画を立てる」という行為の本質だと、私は考えています。

ダイエット計画を地道に実行するためのコツ

①「目標を立てる」、②「計画を立てる」まで進めたら、あとはその計画を、③「**地道に実行する**」だけです。しかし、これこそが非常に難しいということはあらためていうまでもないでしょう。ダイエットにかぎらず、**だいたい人は計画を立てているときには、やる気に満ちあふれているものです。**しかし、実際にその計画を実行する段になると、あのときのやる気はどこへやら。「う〜ん、まぁ、今日はいいや。明日から頑張ろう」となってしまったりしがちです。

たとえば学生時代、定期試験などの前に「試験範囲はここからここまでだから、この日はこれだけ勉強する」と決めておきながら、計画を立てただけで満足してしまった。計画のはじめのうちに楽をしてサボってしまい、あとになるほど「やらなければならないこと」がつまってきてやる気を失い、実際にほとんど勉強することなく試験当日を迎えてしまった。こんな経験がある人もきっと多いでしょう。それと同じことです。某人気マンガのセリフに「**明日からがんばるんじゃない。今日をがんばった者にのみ、明日が来るんだよ！**」とありますが、けだし名言です。

ダイエットにおいて考えるなら、たとえば「トレーニングするために空けておいた時間なのに、仕事が入ってしまってトレーニングができなくなった」。たとえば「上司や友人からイレギュラーなお誘いを受けたことで、食事管理がおろそかになってしまった」。また「計画どおり進めているはずなのに、なかなか結果が数字として表れない」ということもあるでしょう。

これらの障害を乗り越え、**地道にダイエットを「やり切る」ために使えるコツ**をいくつかご紹介しましょう。

大勢の知人の前で「ダイエット宣言」してしまおう

私は毎年1月1日に「今年の事業の目標」をFacebookに投稿しています。ちなみに2019年の目標は「店舗数45店舗」「総会員数1万2000名」「150%成長」でした。現在、目標にコミットメントすべく奮闘中です。

この「今年の目標」は、トイカツ道場を本格展開するようになったころから毎年欠かさず投稿しています。

目標は文字として起こすことによってはじめて実体化し、それを多くの人の目にとまるかたちで表出させることで、それ自体で強い力を持ち始めます。それがなければ、「目標を立てて前向きな俺、エライ」という程度の、たんなる自己満足になってしまうかもしれません。

ダイエットの目標に関しても同じことがいえます。特徴的なCMなどで有名な会員制ジムでも、入会した人たちに「周囲の人たちに『○○（ジムの名前）でボディーメイク（ダイエット）に挑戦しています』と宣言してください」とお願いしているそうです。

ご家族、友人、同僚、恋人などの身近な人はもちろん、いまの時代ならFacebookなどのSNSでつながっている大勢の人に向けて、**「私はダイエットします！　まずは1カ月で○kgやせます！」と宣言すること。**

こうすることで、さまざまな誘惑に対する自分のなかでの抑止力になると同時に、まわりの人たちも自分が誘惑に負けそうな姿を見たときに「ダイエットはどうした！」と止めてくれるなど、ダイエットを応援してくれる存在になるのです。Facebookでつながっている友人の「いいね！」ひとつが、思わず口に入れそうになったお菓子ひとつを思いとどまらせてくれるものです。

気負いすぎずに行動のハードルを下げよう

　仮に「1カ月」という期間を区切ってのダイエットであっても、「トレーニングに行くのが面倒くさいな……」と思ってしまう。これは正直、普段からトレーニングしていたわけではない人にとっては普通のことです。**トイカツ式ダイエットは、最終的には「トレーニングしないと気持ちが悪い」というレベルまで習慣化してしまうのが目標**なのですが、そこにいたるまでにイヤになることも、やはりあるでしょう。そんなときはどうすればいいか。大きく分けて二つのコツがあります。ひとつは「**行動のハードルを下げる**」ことです。

　たとえば、週末を過ぎて、毎週月曜日は職場や学校に全然行きたくなくなる。こういう経験はない人のほうがめずらしいでしょう。こういうときは「いや、行かなきゃダメだ！　頑張って行こう！」と思っても逆効果です。

ある精神科医の著書によると、人間の心理とはおもしろいもので、たとえば「行きたくない」というのがその人の本当の気持ちである場合、仮に本人としては「いや、行かなきゃならん。絶対に行く！」と意志を強く持ったつもりでも、それは逆にその人の本当の気持ち、つまりは「行きたくない」という気持ちを強化してしまう方向に作用するだけだそうです。**「やらなきゃ、と思うほどやりたくなくなる」「行かなきゃ、と思うほど行きたくなくなる」というのは、人間の普通の心理なのです。**だから、精神科医が登校拒否や出社拒否に陥ってしまった人の相談に乗る場合は、「もっと強い意志を持って〝行かなきゃいけない〟と思いなさい」というような指導は絶対にしないそうです。

では、どうするのか。「とりあえず、ちょっと家から外に出てみましょう」「コンビニまで出かけてみましょう」「ちょっと駅まで出てみましょう」というかたちで**「行動**

（この場合、外出）のハードルを下げる提案をする」のです。

こうすれば「職場（学校）に行きたくない」という気持ちが強すぎて家から出られないくらい心を病んでしまった患者さんでも、なんとか行動に出始めます。

コンビニまで行けたら、次は駅です。「気楽に駅まで向かってみましょう。戻ってきてもOKです」というように、ハードルをかなり下げてでも「まずは第一歩を踏み出させる」ことが大切ということです。これだけでも「家から出られない」という状況からはかなり改善されています。

「心を病む」ところまでは行っていなくても、「なんだか会社（学校）に行く気がしない」という気持ちを持ったことがある人は、次の機会に試してみてください。家を出るときに、驚くほど気が楽になっていることに気がつくはずです。

さて、ダイエットに関しても、やはり同じことがいえます。

「予定では〝ジムで30分のトレーニング〟だけど、どうも面倒くさい。気が乗らないな」というときは、「これからトレーニングしなくちゃ」と強く考えるよりは「とりあえず（トレーニングしなくてもいいから）ジムに行ってみるか」と考えたほうが、ジムの方向に足が向きます。

そして実際にジムに行けば、30分は難しくても、少しは身体を動かすことになるでしょう。積極的に「絶対にトレーニングしたくない！」ではなく、「面倒くさいな」くらいの気持ちなら、**ジムに行きさえすれば、その面倒くささは半分以上クリアされたようなものですから。**

もうひとつ「トレーニングが面倒くさいな」という気持ちを解決する方法があります。それは「面倒くさいと思う気持ち」を詳細に分析して、その理由を消すことです。面倒くさい理由のひとつに、たとえば「一度帰宅して、トレーニングウェアをとってくるのが面倒くさい」という人もいるでしょう。そういう人は、**毎日カバンのなかにトレーニングウェアを入れておけばいいのです。**

実際、私はいつでも空いた時間、思い立ったときにトレーニングができるように、この方法を実践しています。

行動を確認、修正して「最後までやり切る」ために

たとえば「計画どおりにやっているのに、自分の思ったとおりの結果が出ない」とか「ピタッと体重の減少が止まってしまった」など、①「目標を立てる」、②「計画を立てる」、③「地道に実行する」をクリアし続けたとしても、最後まで「やり切れない」、つまりは目標にコミットメントできないこともあるでしょう。

そこで大切になるのが、④「**確認、検証して問題点を修正する力**」です。

仮に計画どおりに食事管理とトレーニングを実行したのに、はじめから思ったような成果が出ない場合は、計画自体が目標にそぐわないものだったということです。メジャーリーガーのダルビッシュ有《ゆう》投手もよくいうように、「『**練習は裏切らない**』**とい**

う人がいるが、その方法が間違えていたら簡単に裏切るよ」ということです。

その場合は「どのような食事管理をすべきか」「どのようなトレーニングをすべきか」をあらためて確認する必要があるでしょう。本書のPART3「食事編」、PART4「運動編」を読み直して、効果の高い方法をいま一度再考してください。

一方、「最初はいい調子だったけど、あるときから減量がピタリと止まった」という人の場合は対処法が違います。これはダイエット経験者なら多くの人が経験するハードルのひとつ、「**停滞期**」というやつです。

先ほど「食欲は本来、体重を一定に保つためのメカニズムである」と記しましたが、「1カ月に体重の5%」という上限を守っているようなら、食欲が抑えられなくなるほど暴走することはあまり考えられません。しかし、「身体が体重を一定に保とうとするメカニズム」は食欲以外にもあります。

人間には「ホメオスタシス（恒常性）」という、自分の身体的状況、および精神的な環境を一定の状態に保とうという機能があります。人間の体温が周囲の気温などに影響されて大幅に変わることがないのも、このホメオスタシスの力です。

ダイエットを始めると、通常は運動量が増えて摂取カロリーは減ります。身体はこの状況を「体重を維持するには危機的状況だ」と判断して、消費カロリーをできるかぎり抑えながら活動しようとします。

おおよその目安ですが、ダイエットを始めて体重が短期間に3〜5%減ってしまうと、このホメオスタシス機能が働いて「生命の危機」だと判断し、省エネ体質になり始めます。その状況が停滞期です。1カ月で5%という「史上最速ダイエット」の上限を考えると、ちょうど道半ばで止まってしまう計算です。

この「停滞期」ができるかぎり来ないように、自分の身体（脳）をダマす。その方法が週に1度の「**食べたいものを食べるデー**」です。

たとえば週末のうち1日だけでも食事管理の縛りをゆるめて、「この日は何を食べてもOK」という日をつくってしまう。もちろん、ここでもドカ食いはNGですが、普段は避けている炭水化物や、糖質の塊であるお菓子なども、適量ならアリにしてしまう。ダイエットにともなうストレスも軽減するうえ、身体も「あぁ、この人の身体は危機的状況ではないのだ」と判断して「省エネモード」に入らなくなります。

その日から次の日あたりには一時的に体重が増えてしまうでしょう。しかし、この**「食べたいものを食べるデー」を入れたほうが、停滞期に長く苦しむことなく短期間で結果に結びつけられる可能性が高まるのです。**

このように、ミッションの途中で表れるトラブルや、目の前に立ちふさがるハードルをいかに越えていくか。そのための検証能力および問題解決能力も、ダイエットには非常に大切になるのです。

本書で「ダイエットの設計図」と定義した四つの力、①「目標を立てる力」、②「計画を立てる力」、③「実行する力」、④「確認、検証する力」についての解説は以上になります。あらためて見直してみると「ダイエットの成功」と「ビジネスの成功」は驚くほど相関関係があるように見えます。

ここからは、あらためてこの**「ダイエットとビジネスの相関関係」**について記していくことにします。

ダイエットに成功しなければ起業する資格はない

当たり前の話ですが、**経営者が十分に健康であることは、どんなビジネスにおいても成功するための非常に大きな要素です。**いかに優秀な能力を持っていても、年の半分は病床に臥《ふ》しているような人では起業することは難しいでしょう。

では、肥満であることがいかに健康へのリスクになっているか。肥満のもたらす健康被害として最もよく知られているのが糖尿病です。

糖尿病の定義は「血液中のぶどう糖の代謝が滞り、血糖が高くなる病気」です。なんらかの要因（膵臓《すいぞう》の疲弊など）によるインスリン（血糖値を下げるホルモン）不足、およびインスリンの働きの低下などが原因になります。このインスリンの働きについては88ページで解説しておりますので併せてご確認ください。

糖尿病になる原因としては、遺伝性のもの（Ⅰ型糖尿病）もありますが、これは糖尿病患者の5％程度。ほとんどが肥満をはじめとした生活習慣の乱れに起因する「Ⅱ型糖尿病」です。でも、知識がなければ「血糖が高くなる病気」といわれても、「だから、何？」と思ってしまいます。じつは何より恐ろしいのは、この糖尿病にともなうさまざまな合併症です。

糖尿病の三大合併症として、以下の三つが知られています。

①網膜症——高血糖が続くと、眼底にある網膜の細い血管に損傷が生じ、徐々につまったり変形したりして出血を起こすようになります。これは糖尿病患者の約40％で見られ、失明への大きなリスクとなります。

②腎症——腎臓の糸球体《しきゅうたい》は毛細血管の塊です。ここで高血糖が続くとどうなるか。やはり細い血管が壊れ、網の目がつまったり破れたりして腎臓の機能である「老廃物の濾過《ろか》」ができなくなります。末期症状としては腎不全に陥り、人工透析なしでは生きられなくなります。

③神経障害——末端神経に障害が起こり、手足の先にしびれや痛みが生じます。これに関しては正確なメカニズムは解明されていませんが、糖尿病患者の30〜40%に生じる症状です。進行すると麻痺《まひ》が生じたり、壊死《えし》による切断が必要になったりします。

さらにこの三大合併症以外にも、脳血管疾患（脳梗塞、脳出血など）、膵臓がんの併発、心筋梗塞に動脈硬化、果ては認知症まで……。肥満から直結する糖尿病は、これらの恐ろしい病気のリスクを必然的に上げるのです。

こうなると過度の肥満体型の人に対して向ける言葉は、単純に「やせて健康になろう」という言葉では軽すぎます。「**あんた、やせなきゃ死ぬよ**」というように少しキツい言葉で伝えなければ、むしろ不親切というものでしょう。

こんな「リスクの塊」のような人に、多くの従業員やビジネスパートナーの人生を背負う「起業」という選択肢をとってほしくありません。投資先やビジネスパートナーとして、こういう人を選ぶことは避けたいものです。

肥満が引き起こす「睡眠時無呼吸症候群」もビジネスの大敵

肥満が大きな要因のひとつになっている「**睡眠時無呼吸症候群（SAS）**」という病気をご存じでしょうか。

この病気では睡眠時に一定期間、呼吸が止まってしまうことで、血液への酸素の供給がストップして心臓への負担が大きくなります。これは心臓の肥大や高血圧、脳卒中などから心不全による突然死のリスクまで含め、さまざまな疾患へつながります。そのうえSASはQOL（生活の質）の大幅な低下に直結します。

血中酸素の濃度低下により睡眠の質が大きく悪化し、日中に耐えがたい睡魔に襲われます。さらに疲労はかさみ、頭痛に襲われて仕事に集中できなくなります。**あらゆる意味で肥満はビジネスの大敵なのです。**

糖質の摂取自体が「食事後の睡魔」につながる

肥満から導き出されるさまざまな健康リスクの話をするまでもなく、肥満につながる食生活自体がビジネスの成功を大きく阻害することも知っておきましょう。

いまや健康ビジネスやダイエット業界の常識になっているのが、「**肥満を引き起こす食材は脂肪などではなく、主に糖質である**」という事実です。糖質の過剰摂取が肥満を引き起こすメカニズムについては88ページで解説しています。

さて、ここでは糖質の過剰摂取によって引き起こされる「肥満」ではなく、糖質の過剰摂取そのものが仕事の邪魔をする、という話をします。

簡単な話です。食事による糖質の過剰摂取は、食後における血糖値の急上昇を引き起こします。この血糖値は人間の精神状態と直接的にかかわっています。

つまり、「血糖値が高い状態」＝テンションが高く、活動的な状態であり、「血糖値が低い状態」はテンションが低く、倦怠感《けんたいかん》をともなう状態ということです。「糖質をとるとテンションが上がって活動的になるなら、糖質をとったほうが仕事ができるようになるんじゃないか」と思ってしまう人もいるかもしれません。

しかし、血糖値の急激な上昇は当然、その直後に急激な低下を引き起こします。この**急上昇→急降下の動き自体が大きな健康リスクになる**のですが（89ページ参照）、それに加えて血糖値の急低下は耐えがたい眠気となって人間を襲います。

多くの人は「食後に眠くなる」という体験をしたことがあるでしょう。この原因はかつて「血液が消化器官に集まりすぎて脳に回らなくなるため」とされていました。たしかにそれも原因のひとつかもしれません。しかし、現在はそれ以上に「血糖値の急激な低下」が眠気を引き起こす原因だと考えられているのです。

「**いつも食後に眠くなる**」**という人は、ためしに食事の量は変えずに、糖質を完全オフにした食事をとってみてください**（具体的な例はPART3参照）。当たり前だった「食後の眠気」がかなり改善されることに気づくはずです。

実際に私も今回の「史上最速ダイエット」の企画で、普段から控えていた糖質をさらに控えて、ほとんどとらない生活をしてみました。すると、あらためて食後に襲ってくる眠気から解放されるだけでなく、**普段から思考がクリアになり、集中力も上がっていることが実感できました。**

もちろん糖質は身体を動かすエネルギーになる有用な栄養素です。しかし、身体に不可欠な栄養素とはいえない、ということも近年の研究でわかってきています。それ以上に、血糖値を急激に上昇させることによるさまざまな弊害が問題視されるようになりました。太ってしまうこと以前に、**「太るような食生活」自体が日常における仕事の効率を大幅に下げてしまうのです。**

ハードな運動で増加するテストステロンがビジネスを成功に導く

食事面を中心とした「肥満による健康リスク」とはまた別に、いまや起業家の多くにとって日常的にダイエットにつながるトレーニングを行うことが当たり前になっています。しかも、かつては企業の重役や経営者が行うスポーツといえばゴルフが定番でしたが、**いまは格闘技やトライアスロン、自転車のロードレースなど、かなりハードなスポーツを好んで行う人たちが増えている印象です。**

これらのハードなトレーニングが何を生み出すか。すべての活力を生む最強の男性ホルモン「**テストステロン**」の増大です。

NHKでも専門の番組がつくられるほど筋トレが流行している現在、筋トレが増大させるホルモンとして、テストステロンの名前はよく知られるところとなりました。ここであらためて、その効能を紹介してみましょう。

①体力や筋力の増強、精力の強化につながる

テストステロンの最大の効能は、体力や筋力の増強、精力の強化です。男性の場合は主に精巣でつくられるホルモンですが、ハードな筋トレによってその値が増大することが知られています。さらに**テストステロン値の増加がメタボリックシンドロームのリスクを低下させることも確認されています。**

②身体的な年齢を若いまま保つ

テストステロンには身体の老化の原因となる「活性酸素」の生成を抑制し、エネルギーを効率的に利用して身体の老化を軽減する「ミトコンドリア」を保護する働きがあります。

この活性酸素も近年の健康業界で話題のキーワードです。細胞内でミトコンドリアが酸素を消費してエネルギーをつくりだす際に必ず生まれる物質です。本来は体内に侵入した細菌などを撃退するために必要不可欠なものなのです。

しかし、余分な活性酸素が残留すると、老化やがん、動脈硬化など、さまざまな疾患のもととなる猛毒と化すのです。直接的にシミやシワ、白髪などの原因となるほか、潰瘍やアトピー、各種血管の疾患にもつながります。

この活性酸素が必要以上に発生するのを抑えることは、そのままアンチエイジングにつながっていくのです。

③挑戦心や冒険心などを生み出して活動的になる

テストステロン値の増大は、成功するビジネスマンには不可欠である挑戦心や冒険心などを生み出して人を活動的にします。

イギリス・ケンブリッジ大学の２００８年の研究から、テストステロン値が高い人間は「冒険心が強い」ことが判明しました。

この調査方法がおもしろいのでご紹介します。イギリス・ロンドンの金融街に勤務する17人のトレーダーを対象に唾液のサンプルを採取して、その日の利益と損失を記録しました。その結果、リスクをとって通常以上の利益を上げた日はテストステロン値が大幅に高く、果敢にリスクをとる傾向があることが確認できたそうです。

テストステロンは、やる気を生み出す「ドーパミン」の分泌を促すことで、さまざまな物事に積極的に取り組める精神状態をつくりあげます。**ハードなトレーニングによりテストステロンを増大させることで、物事に挑戦するときに必要な行動力や積極性などが増大するということです。**

もちろんリスクのとりすぎは問題ですが、まずは「挑戦心」「冒険心」が大切。これらがないところに成功はありませんから。

このように、ビジネスの成否とダイエットの成否は、もはや無視できないほど密接に関連しているのです。

格闘家ならではの「ヤバい」ダイエット

PART2の最後に、減量に苦しむ格闘家が編み出した（?）、さまざまな「少しヤバめのダイエット法」を紹介しておきましょう。本書としても手放しにおすすめできるものばかりではありません。あくまでも〝読み物〟として「参考程度」にとどめておいていただければ幸いです。

最終手段は「献血!?」

あくまでも「こんなことをしているやつがいるらしい」という噂《うわさ》レベルの話です。

格闘家の試合前計量は、たしかに最後の100gとの戦いです。いくら走ろうが、ストーブをガンガン焚《た》いたジムでウインドブレーカーを着てサンドバッグを叩《たた》こうが、サウナに限界まで入ろうが、一滴の汗も出なくなるまで身体を追い込むことはめずらしくありません。

ですから、気持ちはわかります。しかし、試合直前に減量を目的として「献血」をする選手がいるとは、話を聞いたときにもにわかには信じられませんでした。

たしかに**体内から400gの血を抜けば、400gの体重減をほぼ確実にゲットできます。**しかし、軽量をクリアするためとはいえ、こんなことをして翌日にハードな試合を存分に戦えるとは思えません。もはや禁じ手といえるでしょう。

［私も経験しています。「水抜き&塩抜き」ダイエット］

人間の身体は成人なら60〜65%は水分で満たされています。この値は子どもや若者ならもう少し高く、逆に年をとるにしたがって低くなっていきます。日常の生活のなかでこの値が大幅に変動するようなら、もはや生命の危機です。それでも試合前の格闘家は、もはやたんなるトレーニングでは一滴も発汗しないレベルまで自分の身体を追い込みます。これは、いわば生命の危機ともいえる「異常事態」です。本来なら、すぐにでも水分補給が必要なレベルです。

しかし、格闘家のなかには計量前の2~3日はいっさいの水分をとらずに乗り切ろうという猛者《もさ》がたくさんいます。これは私も経験があり、とくに現役時代の後半は試合前の最後の1日は「水抜き」をして、最後の1~2kgを落とす作業をしていました。このころには食事もすでにとらないので、食物からの水分補給もありません。**私はよく、身体を動かすためのカロリーとしてチョコレートだけを口にして、あとは食べ物も水も何もとらない1日を過ごしていました。**

過酷なダイエット経験がない方はピンとこないかもしれませんが、誰でも「水、食事抜き」を実践すれば1日に1~2kgは平気で落ちます。これはかなり過酷な減量をしたあとでも同じことです。そう考えると、よくある「断食デトックス道場」のような生活をして体重が落ちるのは、あまりにも当然なことです。

この「**水抜きダイエット**」は、本当に「史上最速ダイエット」の期限ギリギリになったら実践してもいいかもしれません。ただし、二つだけ注意点があります。

ひとつは、当たり前ですが「**次の日から普通に食べたら、普通に元の体重に戻るよ**」

ということ。あくまでも「この日、この瞬間に○kgまで落ちていてほしい」という状況がある人には有効ということです。そんな状況が格闘家以外にあるのかは存じませんが……。また、二つ目の注意事項は「1日以上は水抜きしないこと」。命にかかわりますから。

「**塩抜きダイエット**」に関しても、現役時代には私自身も行っていました。やることは簡単で、塩分が高い食べ物をとらないこと。塩分過多は高血圧につながることが知られていますが、そのメカニズムはご存じですか？

簡単にいえば、体内の塩分量が高くなると、それを薄めようと血中に水分が取り込まれて血圧が高くなるのです。排出されずに身体に取り込まれる水分量が上がるということは、ダイエットの面からいえばマイナスでしかありません。

次ページの図表1の主な食品の塩分量をご確認ください。

基本的にダイエット中には塩分が高い食べ物は避けておきたいものです。そのうえで意識して「塩抜きダイエット」をするなら、具体的には「**これまではサラダにかけ**

るのはＯＫとしていたドレッシングをやめる」「牛ステーキにソースをかけることもやめる」というかたちです。カロリーや糖質の問題にかぎらず、塩分を控えることはそのまま体内の水分量を減らすことにもつながり、ギリギリのダイエット方法として有効なのです。

[図表1]その食べ物の塩分、何グラム?

塩分相当量(g)

麺・パン・ご飯	
うどん(ゆで)	0.6
そば(ゆで)	0.0
カップめん(中華めん)	6.9
カップめん(うどん)	6.9
食パン(6枚切り1枚)	0.7
クロワッサン(1つ)	1.2
白米(茶碗1杯分)	0.0
おかず	
ビーフカレー(市販レトルト1袋)	2.6
お茶漬けの素:さけ(1袋)	2.0
梅干し(1粒)	4.4
たくあん(3切れ)	1.5
かまぼこ(3切れ)	1.0
あじの開き	1.2
ベーコン(うすめ2枚)	0.8
ウインナーソーセージ(3本)	0.9
調味料(すべて大さじ1杯分)	
中濃ソース	0.9
こいくちしょうゆ	2.2
減塩しょうゆ/こいくち	1.3
ぽん酢しょうゆ	1.2
トマトケチャップ	0.5
マヨネーズ/全卵型	0.3
フレンチドレッシング	0.5
和風ドレッシング	0.6
番外編:お菓子	
しょうゆせんべい(2枚)	0.6
ポテトチップス(普通サイズ1袋)	0.6

〈出典〉Qupio健康コラム(https://www.qupio.jp/3197)、文部科学省「食品成分データベース」より作成。

［個人的には苦手なサウナと、おすすめの半身浴］

格闘家の試合前といえば、何時間もサウナに入って汗を絞り出している姿を想像する人も多いでしょう。これは多くの格闘家が実際に行っている減量法です。具体的には数十分サウナに入って、すぐに水風呂に浸《つ》かる。そこからまたサウナに入って……の繰り返しで、ほぼ半日ずっとサウナに籠もっている人もいるくらいです。

私自身はサウナはどうも身体に合わない感じがしているので、ごくまれにしか使いませんでした。それも1時間かそこらです。ダイエット方法も個々人で身体に合う、合わないがあるのは確実なので、**たとえほかの人が成功している方法でも、自分でやってみて「合わないな」と思ったら、すぐにやめたほうがいい場合もあります。**

一方、**現役時代にもやっていて、いまでもおすすめできるのは半身浴です。**どちらかといえば女性に人気があるイメージのこの方法ですが、当然、男性にも有効です。39度くらいのぬるめのお湯での半身浴なら、水圧による肺や心臓への負荷が小さく、動悸《どうき》のリスクも低い。発汗とともに代謝も促進されるので、日常生活での「燃費の悪さ」（ダイエット的にはいいことです）にもつながります。

30分も入っていれば400～500gくらいは落ちるイメージです。私は時間があるときは半身浴をしながらYouTubeを見たり、本を読んだりして、気づくとまるまる半日が経過していることもあるくらいです。

これなら時間もムダにならず、トレーニングによる苦痛もほとんどないに等しい。いいことずくめです。

医師も実践経験ありの「GLP-1受容体作動薬」ダイエット

少し専門的な話になりますが、ダイエットに興味があるみなさんは、もしかしたらこの薬の名前を聞いたことがあるかもしれません。それくらいメジャーになり始めているのが**「GLP-1受容体作動薬」**です。

この薬の解説をする前に、そもそも「肥満」という現象が起きる根本的な原因について簡単に解説していきます。

肥満の原因として最もわかりやすいのは「消費カロリー＜摂取カロリー」という現象です。要は「動かないくせに食べすぎた」という状態です。もちろん肥満の原因は単純にこの数式だけで表されるものではありませんが、ひとつの真実ではあります。しかし、じつはもっと気をつけなければならないことがあります。**食事をとったときの「血糖値の上がり方」もダイエットと大きく関係しているのです。**

人間が食事をとり、食べたものが血管に吸収されると血糖値が上がります。血糖値が上がっている状態は血管に負担がかかるので、身体にとって好ましい状態ではありません。そこで、上がった血糖値を下げるために膵臓から「**インスリン**」と呼ばれるホルモンが分泌されます。このインスリンが何をするかというと、「**血中の糖分を脂肪に変えて身体にため込むことで、血糖値を下げようとする**」のです。

食事の際の血糖値の上昇がゆるやかであれば、インスリンは適量分泌されます。しかし、空腹時にＧＩ値（食品に含まれる糖質の吸収度合いを示した値）の高い食品――具体的には白米やパン、麺類などの精製された炭水化物や糖類など――をたくさん食べると血糖値は過剰に上昇し、インスリンが必要以上に分泌されてしまいます。ちなみに、この「インスリン過剰」の状況が続きすぎることで膵臓のコントロール機能が壊れてしまい、インスリンの分泌に障害が出てしまう病気が、まさに「糖尿病」です。

さて、インスリンが過剰に分泌されるとどうなるか。インスリンの役割を考えると理解できるかと思いますが、必要以上に糖分を脂肪として蓄積してしまうことになります。それだけではありません。この作用で**急激な血糖値の低下を引き起こし、それが今度は食欲の増進につながります。**

この血糖値の急激な上昇↓低下（正常化）の動きは「グルコーススパイク」と呼ばれ、すでに「糖尿病」についての項目で述べてきたとおり、肥満のほかにもさまざまな病気を誘発します。

さて、肥満の大きな原因として「血糖値の急激な上昇によるインスリンの過剰分泌、およびその結果としての脂肪の蓄積」があることはご理解いただけたでしょうか。

このメカニズムを前提にして「ＧＬＰ－１受容体作動薬」の働きを見ていきましょょ

う。ＧＬＰ－１は本来は人間の小腸の細胞から分泌されるホルモンです。膵臓に働いて必要な量のインスリンの分泌を促して血糖値が上がらないように調節する役割を果たしています。**このＧＬＰ－１を投与して血糖値の大幅なアップ（およびダウン）を防ぐことでダイエットしようというのが「ＧＬＰ－１受容体作動薬」ダイエットです。**

この「ＧＬＰ－１受容体作動薬」は血糖値の上昇を抑えるだけでなく、脳の採食中枢にも働いて「食欲を抑える効果」も持っています。また、胃の蠕動《ぜんどう》運動を抑えて「すぐにお腹いっぱいになる」という効果もあるそうです。

ただし、この「ＧＬＰ－１受容体作動薬」はアメリカでは肥満の治療薬として認められていますが、日本では「Ⅱ型糖尿病」の治療薬として認められているのみ。肥満単体での治療には使うことができないのが原則です。

いってみれば「**ダイエットのドーピング**」です。一時的な投与ですむならまだしも、この薬がなければまた太ってしまうようなら個人的にはおすすめできるダイエット法とはいえません。

さすがに格闘家で「使っている人がいる」という話は、いまのところ聞いたことはありませんが、どこかにいる可能性は否定しません。

「格闘家のヤバいダイエット」の項目のなかで触れるのは少し違うかもしれませんが、「こんな反則っぽいダイエット法もありますよ」というご紹介でした。


続いて、PART3「史上最速ダイエット［食事編］」に入ります。

具体的に「食べていいもの」「食べてはいけないもの」から食事の回数、タイミング、食べる順番まで記してありますので、ぜひ参考にしてください。

PART 3

史上最速ダイエット【食事編】

流行の食材に左右されない「食べ方」の最終結論

「1日3食」は病気への近道

「史上最速ダイエット」を行うなら、1日3食は避けてください。食の常識の最先端を見るなら、いわゆるダイエットの必要がない人でも「1日3食は食べすぎ」という結論が出ているのです。

厚生労働省も推奨している「1日3食」という慣習ですが、これは国家によって推奨され始めてから100年もたっていない「つくられた常識」です。

「お腹いっぱいになるまで食べる」ことは幸せに思えますが、大きなリスクをともないます。

1990年の東海《とうかい》大学医学部の橋本一男《はしもとかずお》教授、および田爪正氣《たづめせいき》講師らによるマウスを使った研究によれば、食べ放題にしたマウスの平均寿命が74週だったのに対して、食事の量を食べ放題のマウス（＝満腹のマウス）の80％に制限した個体の寿命は122週まで延びたとのこと。**「腹八分目」にするだけで寿命が1・6倍に延びたのです。**

また、その翌年の1991年のことです。宇宙開発関連の実験のひとつとして、8人の研究者たちが密閉されたドームのなかで、自給自足の生活を営むというサバイバル実験が行われました。これは本来は人類が宇宙のほかの天体に移住したときに、密閉されたドームのなかで生活できるか、という、まるでSF小説のような実験でした。

この実験で、ドーム内での食料の収穫量が少なかったため、研究者たちは予定された食事量を4分の3に減らして生活を続けました。1日の摂取エネルギー量は約1800キロカロリーだったということです。

その結果、何が起きたか。8人全員の体重が減少したことはともかくとして、血糖値やコレステロール値、血圧など、生活習慣病に関連する数値がほとんど改善されていたのです。これは、もともとの計算が1日2400キロカロリーだったということを考えると、**現代人の1日3食の生活から、そのうちの「軽めの1食」を抜いていたような状況です。それだけで人間の身体は健康を取り戻すのです。**

1日1食でも十分に身体を維持できる

ドイツのことわざに「**1日2食は自分のため、1食は医者のため**」があります。これは言い換えるなら「1日3食しっかりとって、(医者のために)ちゃんと病気になりましょう」という意味になるでしょう。

私の現役時代は「1日1回、1時間トレーニングしたら1食食べる。2回なら2食食べる」という生活を送っていました。現役を退いたいまも、朝食はとらないことが多く、とるとしても「ヨーグルトとお茶」だけのような、きわめて軽い食事です。

さらに、今回みずからの身体で「1カ月で5kg」の「史上最速ダイエット」を検証するにあたっては、とくに後半は1日1食に近い日々を送っています(PART6参照)。それでも身体の健康維持および体調維持に困ることはありませんでした。とくにアスリートや肉体労働者などの身体を酷使するような日常生活を送っている人でないかぎり、朝食はヨーグルトやスムージーのみにしたうえで、1日1食をしっかり食べればそれで十分です。

この「**1日3食という常識のウソ**」については、前著『プロ格闘家流「できる人」の身体のつくり方』で、よりくわしく検証しています。実際に江戸《えど》時代の前半までは、日本人は1日2食が基本だったことなども、そのなかでは触れています。もっとくわしく知りたい方は、そちらでご確認ください。

もう一度いわせてください。**いまや現代人は日常的にも「1日3食」は食べすぎなのです**。ましてやダイエット実行中に3食も食べるなど、ありえないことなのです。

通常時以上に「糖質オフ」を意識しよう

肥満の大きな原因が「脂肪の摂取」ではなく「糖質の摂取」であることはよく知られるようになってきました。それと同時に「糖質制限」という新しい食の考え方が一般に知られるようになり、もう10年近くになります。

〝いまさら感〟はありますが、糖質とはどのようなものなのか、正確に把握できていない方向けに、あらためて記しておきます。

糖質とは「食物繊維以外の炭水化物」です。甘いものだけでなく、ご飯やパン、麺類や根菜類などにも糖質は多く含まれています。多くは日本では「主食」とされているもので、これがなければ「おかず」を食べることができないものも少なくありません。まずは幼いころからの食生活が生み出したそういう既成概念をすべて捨ててください。

これらの糖質を食事で摂取すると、直接的に急激な血糖値の上昇を起こします。101ページの図表2におけるGI値の高い食品は、とくに要注意です。

前著でも「糖質の過剰摂取」への警告はしていましたが、トレーニングをするにあたり毎日、必要最低限の糖質摂取はすすめていました。糖質は血糖値を急激に上げる一方、トレーニングなどで身体を動かすエネルギーにもなりやすい栄養素なのです。

しかし、あのころとは私の考え方も少し変わりました。いままでは糖質自体、とくに意識して摂取しなくても、十分に健康維持、身体維持ができると考えるようになりました。「糖質が必要ない」というより、「**あえて糖質の高い食品をいっさいとらなくても、必要最低限の糖質は自然に体内に入ってくる**」と言い換えたほうがいいかもしれません。

日常の食事においてもそうなのですから、「史上最速ダイエット」を行うなら、より精度の高い「糖質オフ食」が必要になります。

具体的には「史上最速ダイエット」中には、必ず低糖質の食材を意識して食事してください。**穀物や粉ものなどは基本的にNGだと考えたほうがいいでしょう。**

もし穀物類などをとるとしても、2～3日に1回程度にしましょう。それも白米やパン、うどんのように精製されていてGI値が高い（血糖値を急激に上昇させる）糖質ではなく、五穀米や十六穀米などの雑穀米、玄米、全粒粉のように精製度が低く、血糖値を急激には上げない糖質を選んで食べてください。

これらはいわゆる「白い炭水化物」ではなく「**黄色い炭水化物**」といわれます。精製度が低いために摂取した際の血糖値の上昇割合が小さく、時間をかけて身体に吸収されていきます。また、糖質以外の栄養素として人体に必要なミネラルも含まれているため、さらにおすすめできます。

ちなみにミネラルとは、一般的な有機物に含まれる四つの元素（炭素、水素、窒素、酸素）以外の必要元素を指します。具体的には「カルシウム」「ナトリウム」「カリウム」「マグネシウム」「リン」「鉄」など。人体に必要な量はごく少量ではありますが、生理機能に重要な役割を果たす栄養素です。

[図表2] 主な食品のGI値

穀類・パン・麺類		野菜・芋類・豆類		砂糖・菓子類・飲料	
				キャンディー	108
				上白糖	99
フランスパン	93			黒砂糖	98
食パン	91			チョコレート	91
白米	88	じゃがいも	90	はちみつ	90
うどん	80			スポンジケーキ	89
				せんべい	89
もち米	80	にんじん	80	こしあん	80
赤飯	77			つぶあん	78
ベーグル	75	とうもろこし	75		
コーンフレーク	75	やまいも	75		
スパゲッティ	65	カボチャ	65	カステラ	69
		さといも	64	アイスクリーム	65
そば	59	栗	60	ポテトチップ	60
ライ麦パン	58	ぎんなん	57		
玄米	55				
五穀米	55			チョコレートケーキ	48
発芽玄米	54			ココア	47
全粒粉パン	50	えんどう豆	51	ゼリー	46
全粒粉パスタ	50	さつまいも	48	コーラ	43
中華麺	50	豆腐	42	スポーツドリンク	42
黒米	50			オレンジジュース	40
赤米	49			日本酒	35
ハトムギ(生)	49			ビール	34
オールブラン	45	納豆	33	ワイン	32
春雨	32	インゲン豆	30	焼酎	30
		枝豆	29	ブラックチョコレート	22
		豆乳	23		
		ほうれん草	15		

〈出典〉森拓郎『運動指導者が断言! ダイエットは運動1割、食事9割』
(ディスカヴァー・トゥエンティワン)

私自身が「史上最速ダイエット」を実践していたときには、週に1～2回、茶碗《ちゃわん》半分程度の十六穀米を食べていました。玄米より雑穀米のほうがミネラルを多く含んでおり、味の要素も多いので、おいしく感じる人が多いのです。

「玄米が身体にいい」というのも、もちろんウソではありません。ただし、十六穀米などの雑穀米のほうがミネラル分も多いため健康にもよく、手に入りやすいはず。玄米食はもはや信仰の世界に近いといえるでしょう。

最近結婚を発表したある女性タレントが「自分も旦那さまも、子どものころから玄米食だった（ことで運命を感じた）」というような発言して「玄米婚」などという言葉が生まれていました。私などはそれをテレビで見て、「玄米食とは少し宗教っぽいな（笑）。十六穀米、雑穀米のほうがおすすめなのになぁ」などと意味のないことを考えていたりしました。われながら大きなお世話ですが。

具体的に「食べてもいいもの」「避けるべきもの」

ここでは糖質量を基準にして、**「史上最速ダイエット」**中に**「食べてもいいもの」「食べてはいけないもの」**を料理ジャンルごとに考えてみましょう。メインでよく似た食材を使っているイメージの近い料理でも、調理法やサブ食材によって糖質量は大きく異なってきます。

[和食]

OK ホッケの塩焼き　NG サバの味噌煮《みそに》

魚自体の糖質量はほとんどありません。しかし、サバの味噌煮は砂糖やみりんによる味つけで糖質量が一気に増えてしまうのです。普段はそれほど気にする必要はなくても、「史上最速ダイエット」を完遂するためには小さな違いにも気を使っていきましょう。

OK チキンサラダ　NG ポテトサラダ

「サラダを足したというけれど、それもやっぱり脂肪と糖」という某健康系飲料のＣＭがありました。ここで画面に映っていたサラダは「ポテトサラダ」でした。炭水化物のジャガイモをたっぷり使う「ポテトサラダ」は糖質制限的には論外です。

OK 牛ステーキ　NG とんかつ

肉類は基本的に糖質が低く満腹感も生むので、ダイエット中には重宝する食べ物です。しかし、とんかつやてんぷらのように衣をまとうと一気に糖質量がアップ。またサイコロステーキそのものはＯＫでも、つけ合わせのコーンやジャガイモは避けたほうがいいでしょう。

OK しゃぶしゃぶ　NG すき焼き

同じような料理に見えても、すき焼きは割り下に砂糖を使うので糖質量は意外に高くなります。とくに関西風など鍋に砂糖を敷くくらいのレベルなので、ダイエット中はNGだと考えてください。ちなみにしゃぶしゃぶのときも糖質オフのポン酢がおすすめです。

［洋食］

OK ローストビーフ　NG ビーフシチュー

ローストビーフは食材そのものの味を楽しめるのでおすすめ。ただし、グレービーソースなどをかけすぎると糖質量がアップします。ビーフシチューは小麦粉なども使うので意外に糖質量が高い。この2品は1食分で6倍近い糖質量の違いがあります。

OK ブイヤベース　NG ポトフ

一見、野菜をたっぷりとれて健康食に見えるポトフも、ジャガイモやニンジンなどの根菜類がクセモノ。ブイヤベースは糖質が低い魚介類を使用し、ダシもその魚介類から出たものがメインなので、かなり優秀な糖質オフ料理です。

OK カツレツ　NG ロールキャベツ

共にメインでひき肉を使っているものの、カツレツは衣に小麦粉、ロールキャベツは種に小麦粉が混ぜてあるので、基本的には避けたほうがいいこの2品。ロールキャベツのほうがトマトソースの糖質の高さがあるので、より避けるべき料理といえます。

OK 鮭《しゃけ》のムニエル　NG 牛肉の赤ワイン煮

ともにソースが命の料理ですが、牛肉の赤ワインにはソースに「ワイン」「はちみつ」「砂糖」などが入っているので糖質は高めです。普段はともかく、「史上最速ダイエット」実行中は避けたほうがいいでしょう。

［中華、エスニック］

OK トンポーロウ　NG 酢豚

酢豚は調味料として砂糖を使うほか、具に入っているパイナップルも果糖を含みます。さらに酢豚についている「とろみ」の正体は片栗粉《かたくりこ》です。「白い粉」を避けるのは糖質制限のイロハの「イ」です。

OK 牛肉の青菜炒《いた》め　NG 鶏肉のカシューナッツ炒め

カシューナッツは比較的糖質が高いナッツを炒めものにたっぷり使ったうえに、砂糖やオイスターソースの糖質も加わるので意外とクセモノです。シンプルに塩で炒めた「牛肉青菜炒め」なら糖質量は気にする必要がありません。

OK トムヤムクン　NG フォー

さっぱりした鶏スープで、ちょっとヘルシーなイメージがある「フォー」ですが、その実態は米粉の麺。糖質量は白米とあまり変わらないレベルです。同じくビーフンなども注意が必要。魚介が豊富なトムヤムクンのほうは糖質量を気にする必要がありません。

【コンビニ】

OK サラダチキン　NG 魚肉ソーセージ

どちらもお酒のおつまみとなりうる肉、魚の加工品。サラダチキンは「糖質制限の救世主（コンビニ版）」とでもいうべき優秀な「糖質オフ食材」です。魚の練り物は粘りを出すためのつなぎに糖質が使われがちなので避けたほうがいいでしょう。

OK アサリの味噌汁　NG コーンスープ

満腹感が増すので汁ものは積極的にとりたいものです。味噌に糖質が少々含まれるとはいえ、ミネラルやタウリンがたっぷり含まれているアサリの味噌汁は優秀。コーンスープのように糖質が高めの穀物スープに手を出すより、ずっとおすすめです。

外食派の人も自炊派の人も、コンビニですませる派の人も、**しっかり選べば糖質オフでも十分に充実した食生活を送ることができます。**

もちろん、ここに挙げた料理はあくまで一例であり、すべての料理について糖質量を把握することは不可能です。ただし、傾向としては、以下のようなことがいえるでしょう。

◎食材を必要以上にこねくり回した味が濃い料理はＮＧ
◎食材の味をそのまま楽しめるシンプルな調理法の料理はＯＫ
◎加工食品はいっさいとらないことは難しいが、できるかぎり避けたほうがいい
◎ジャガイモやニンジンなどの根菜類は、野菜と思わずに糖質と思ったほうがいい

もちろん、糖質の塊である「**ご飯類、パン類、麺類、穀類は基本的にＮＧ**」としたうえで、以上のことを頭に入れておけば、かなり優秀な「糖質オフ生活」を送ることができるようになるでしょう。

たんぱく質は魚介類もいいが、肉類がとくにおすすめ

さて、糖質オフの食材を選んで食べるようになると、あることに気づいてきます。それは残念ながら「**満腹感の低さ**」です。

食欲が湧く詳細なメカニズムは解明されていませんが、そこに血糖値の高低が密接にかかわっていることは明らかです。血糖値が上がりづらい食材は健康を考えると間違いなくいいことなのですが、満腹感を得られにくいという弱点もあるのです。

「お腹に残る」という言い方がよくされますが、安く満腹感を得られるという点では、糖質はたしかに優秀な食材です。アメリカ南部の貧困地域では、食生活が貧しい地域ほど糖尿病の罹患率《りかんりつ》が高いという統計が出ています。単価が高い肉類（たんぱく質）などをあまり食べられず、安い穀類（糖質）を中心にしてお腹を満たし続けることで糖

尿病になってしまうのです。日本においてはかつて糖尿病は「贅沢病《ぜいたくびょう》」といわれていましたが、その認識は改めたほうがいいでしょう。

「史上最速ダイエット」中は、いままでご飯やパンなどを食べていた分のカロリーを補うべく、**主に身体をつくる重要な栄養素である「たんぱく質」を多く含んだ食材を多く食べてください。**具体的には肉類、卵、魚類に加えて大豆などの豆類やチーズなどの乳製品が中心になります。

卵はかつてコレステロール値が問題とされて「1日1個」が上限とされていました。しかし、近年はコレステロールに「血管を強くして動脈硬化を防ぐ」という役割があることがわかってきたこともあり、厚生労働省も2015年にコレステロールの摂取制限を撤廃しました。つまり、いまは卵を1日に複数個食べても大丈夫なのです。食の常識は日に日に書き換えられていくものです。

なお、肉類のなかでもハムやベーコン、ソーセージなどの加工肉類は、つなぎに何が使われているか正確に把握できないうえに発がんリスクも報告されているため、強くおすすめはできません。また、魚に関しても練り物は粘り気を出すつなぎに糖質が多く含まれているため避けたほうが無難です。

これらの**たんぱく質のなかで、とくにおすすめなのが、やはり「肉類」です。**魚類などのほかのたんぱく質系食材に比べて、食したときの満腹感が強いのがその理由です。魚介類はその脂にＤＨＡほかの必須アミノ酸も含まれるので健康のためにはいいのですが、いかんせん満腹感につながりにくいのです。

本書ＰＡＲＴ６の「トイカツが実践！　史上最速ダイエット」のリポートには、私がダイエット期間中の１カ月、何を食べていたかをすべて記録しています。自分で見直してみてあらためて気づいたのですが、**「しゃぶしゃぶ」「牛ステーキ」「焼き肉」「馬刺し」「ジンギスカン」……と本当に「肉」ばかり食べていました。**

危険な「濃縮還元」のワナ

「1日分の〇〇がとれる」というような謳《うた》い文句でヒット商品になった飲み物がたくさんあります。その多くが「**濃縮還元**」という技術を使用しています。

この「濃縮還元」はその文字の意味どおり、果汁などの水分を蒸発させて5〜7倍に濃縮したものを再度水を加えて希釈したものです。なぜ、そのようなことをするのかといえば、最大の理由は「輸送コスト削減」のため。濃縮液が海外から輸入されるオレンジジュースなどをはじめ、輸送コストの削減は大きな問題なのです。

さて、この濃縮還元系の飲み物の何が問題なのか。輸入商品の場合はポストハーベストなどの農薬も問題ですが、いちばんは「**本来は不必要なはずの添加物**」です。

「果汁100%」を銘打っていたとしても、濃縮還元タイプの場合は濃縮液が日本に輸入されてから水を加えて希釈します。これにより味や香りの減退が起きます。

そのままではおいしく飲むことはできないので、「おいしく飲むためのエキス」を加えます。これが「果糖ぶどう糖液糖」です。ためしにコンビニで紙パック系のジュースを手にとって、栄養成分表示を確認してみてください。多くの商品で最初に「果糖ぶどう糖液糖」の表示があるはずです。

この栄養成分表示は含有量が多いものから表記しなければならない、という決まりがあります。最初に書いてあるということは、最も含有量が多いということ。ヘルシーなつもりで100%のフルーツジュースを飲んでいたつもりが、いつのまにか人工的につくられた添加物をたっぷり飲む羽目になってしまっていたのです。

私はコンビニで飲み物を買うとしても、水やお茶くらいしか買いません。フルーツジュースを買うくらいなら、スーパーなどで果物そのものを食べます。いまはコンビニでも果物を置いてある店が増えています。**飲み物も含めて「加工食品」はできるかぎり避けて、食材そのもののかたちが残ったもの、できるかぎりシンプルな調理法でつくられたメニューを選ぶこと。**それを心がけてください。

史上最速ダイエット［食事編］のまとめ

PART3「史上最速ダイエット［食事編］」についてザックリまとめてみましょう。

①食事回数は1日1〜2回——スタート時は1日2食、後半は1日1食でも十分な身体になっていく。

②基本は糖質オフ——普段以上に「糖質オフ」を意識。とるとしても2〜3日に1回、少量の「未精製の炭水化物」（十六穀米や雑穀米、全粒粉）をとるようにすべし。

③シンプルな調理法のメニューがおすすめ——調味料や調理法による糖質量のアップにも気をつけて。手の込んだ味の濃い料理は総じて糖質が高め。

④たんぱく質は肉、肉、肉！——「主食」たる糖質をとらない分、たんぱく質をたっ

ぷりと。魚類より満腹感を得られる肉類をガッツリ食べよう。

⑤**「濃縮還元」など不要な加工がされた食品もNG**——果糖ぶどう糖液糖などの「エキス注入」系の飲食物はとってはいけない。

これらすべてをしっかり守れれば、食事管理だけでもかなりのダイエット効果が期待できます。さらにPART4「運動編」も確認して併せて実行すれば、ほぼ完璧に「史上最速ダイエット」を成功させることができるでしょう。

PART 4

史上最速ダイエット
【運動編】

体内の「やせるメカニズム」を味方につけろ

有酸素運動＝ジョギングやウォーキングではやせません

ダイエットのために、これまでみなさんはどんなトレーニングをしてきましたか？　ジョギングですか？　ウォーキングですか？　エアロバイクですか？　それで思ったように体重は落ちましたか？　落ちた体重は維持できましたか？

実際、ジョギングやウォーキング、エアロバイクなどの**呼吸をしながら行うゆるやかな運動＝有酸素運動では、なかなか思ったように体重は減らないはずです。**何せ消費カロリーがあまりにも小さいですから。

たとえば「ウォーキング1時間」で、やっとおにぎり1個分のカロリー（220キロカロリー）を消費できる、というレベルです。そう考えると、「こんなに歩いたのに、おにぎり1個食べたらチャラかよ!」と思ってしまいます。

仮にエアロバイクで脂肪を1kg燃焼させようとすると、なんと48時間も何も食べずに漕《こ》ぎ続けることが必要なのです(ともに体重70kgの男性の例)。この効率の悪さ、ちょっと絶望的な気分になりませんか?

フィットネスジムなどでやたら有酸素運動をすすめてくるのは、レベルに合わせた運動強度調整の指導の必要がなくトレーニングにともなう身体的な危険度も低いため、仮にトレーナーが目を離しても事故が起きづらいためです。いわばフィットネスジムが人件費を削減するために、みなさんの時間を浪費しているのです。

1日24時間という有限なリソースしか持っていない私たち人間にとって、有酸素運動をメインにしたダイエットはコストパフォーマンスが悪すぎます。ダイエットのためのトレーニングに時間をとられすぎてしまうと、ビジネスの邪魔にもなってしまいます。ダイエットにかける時間は短いに越したことはありません。

ダイエットには筋トレや短距離走などの「無酸素運動」が効果的

効率的にダイエットを行うための運動の基本は「短時間の無酸素運動」です。

無酸素運動とは、リフトアップやダンベルなどの筋肉トレーニングや短距離走をはじめとした、息を止めて行うような「強度の高い運動」を指します。

この「無酸素運動」がダイエットに最適である理由は、大きく分けて二つあります。

①消費カロリーが有酸素運動より圧倒的に大きい

先ほど「1時間のウォーキング（有酸素運動）で消費されるのは、おにぎり1個分のカロリー（約220キロカロリー）」と記しました。では、たとえば5分の短距離走（無酸素運動）で、どれくらいのカロリーが消費されると思いますか？

答えは約1050キロカロリー。なんと、かけている時間はウォーキングの12分の1なのに、消費カロリーは約5倍なのです。

こう書くと驚きの差に思えるかもしれませんが、想像してみてください。ウォーキングで1時間歩くのと5分間の全力疾走。どちらが身体的にキツいですか？　圧倒的に後者ではないですか？　そう考えると、この差にも納得がいくでしょう。

もちろん普通の人間は、5分間ずっと全力疾走できるような身体は持っていません。それでも**休みを入れながらの全力疾走のほうが、長時間のジョギングなどより圧倒的にカロリー消費が大きいのです。**

②無酸素運動で「燃費が悪い身体」をつくることができる

無酸素運動がダイエットに向いている最大の理由。それは、人間の身体は無酸素運動を行ったあと、自動的にしばらくのあいだは代謝（消費カロリー）がアップするためです。

じつは無酸素運動のときに使われるエネルギーは体脂肪ではなく、筋肉にためてあった糖質（グリコーゲン）です。無酸素運動はその名のとおり酸素をほとんど必要としないため、トレーニング中には体脂肪の燃焼にはつながりにくいのです。

しかし、トレーニング後は別です。近年のアメリカでの研究によると、無酸素運動後の代謝が高まっている状態は、運動のレベルや内容によりますが、なんと数時間から48時間続くことが判明しています。

つまり、筋トレをした当日から翌日にかけては、家で寝転がっていても、友人と遊んでいたとしても、身体が勝手に普段以上にカロリーを消費し続けてくれるのです。**これを私は48時間の「無敵タイム」と呼んでいます。**何をしていてもダイエットにつながってしまう。こんな素敵な裏ワザがありますか？　筋トレは筋肉を増強して身体的なシルエットをカッコよくするだけでなく、こんな「副賞」もついているのです。

車の場合は「燃費が悪い」というのは欠点になりますが、**人間の身体にとって「代謝がいい」（＝同じ行動をしても消費カロリーが大きい）というのはいいことずくめです。**ダイエットに効果的なだけでなく、美容や健康にもつながります。

無酸素運動は代謝のなかの脂肪燃焼の割合も押し上げる

また、ありがたいことに**無酸素運動のあとは代謝が高い状態が続くだけでなく、その代謝のなかでも体脂肪が使われる割合が高いこともわかっています。**

通常の代謝の場合、消費カロリーの半分は筋肉や血中に蓄積されている糖質（グリコーゲン）になります。体脂肪が使われる割合は残りの半分です。しかし、無酸素運動後の代謝については4対6あるいは3対7のレベルまで体脂肪が燃焼する割合が上がることが判明しています。

無酸素運動を行うと、体内で自律神経のうちの交感神経（緊張感を生み出す神経）が活発になり、副腎からアドレナリンが分泌されます。このアドレナリンは体脂肪を分解する性質を持っているため、代謝のなかで体脂肪が分解される割合を増やしてくれます。

また、**無酸素運動によって分泌されるホルモンには、成長ホルモンとテストステロンがあります。**テストステロンの効能に関してはPART2でも触れましたが、この二つのホルモンはたんぱく質を合成することで筋肥大を起こす（筋肉を大きくする）作用があるうえに、記憶力を高めたりアンチエイジング効果があったりするなど非常に有能なホルモンです。

さらにありがたいことに、成長ホルモンは体脂肪を分解する効能を持つ最も強力なホルモンともいわれているのです。

代謝量を上げるだけでなく、その代謝のなかの「体脂肪を燃焼させたカロリー消費」の割合も上げてくれる。無酸素運動のありがたみ、ここに極まれりです。

「無酸素運動後の有酸素運動」がダイエットに効果的

さて、**無酸素運動のあとの身体が「燃費が悪い状態」（代謝がいい状態）になっているる**ことはご理解いただけたかと思います。ここでひとつ考えてみましょう。

「無酸素運動」自体は体脂肪を燃焼させるために必要な酸素を取り込まない運動なので、直接的には体脂肪の燃焼につながりません。直接的に体脂肪を燃焼させるのは、酸素を取り込みながら行う「有酸素運動」です。

しかし、先ほど記したとおり、有酸素運動は消費カロリーが非常に小さいため、ダイエットにおいての効果は限定的です。それなら「代謝がいい状態」「体脂肪が分解されやすい状態」にしたうえで有酸素運動を行えば、最も効率的に体脂肪を燃焼させることができることになります。

有酸素運動だけで行うダイエットはとても非効率的です。一方、無酸素運動のみのダイエットは日常的に「代謝の悪い身体」を手に入れられるため、有酸素運動だけを行うよりは効率的にダイエットの効果につながります。

そして**最強なのは「無酸素運動→有酸素運動」のコンボということです。**無酸素運動を行ったあと、代謝がいい状態になったところで有酸素運動に切り替える。「筋トレやダッシュのあとに、仕上げにジョギングを行う」というイメージです。

この順番が逆だと、やはりトレーニングの効果が出づらくなります。同じ種類、同じボリュームのトレーニングを行った場合でも、その順番を間違えるとダイエット効率が非常に悪くなるのです。

「筋肉量が増大すると基礎代謝がアップする」

筋トレを行うと「日常生活における代謝」がアップします。さらに筋トレの効果として筋肉量が増大すると基礎代謝、つまりは「**生きているだけで消費されるカロリーアップ**」にもつながることはよく知られています。基礎代謝の平均値は、10代後半の男性でおよそ1600キロカロリー程度。女性の場合は1300キロカロリー程度です。以降、男女とも年をとるにしたがって少しずつ落ちていきます。40代男性の基礎代謝は、10代のころより100キロカロリーくらい減少して1500キロカロリー程度になってしまいます。

多くの人が「年をとると、なかなかやせにくくなって太りやすくなる」といいます。その原因としては、もちろん日常生活における運動不足の影響も大きくなります。しかし、多くの人が口にする「昔と同じくらい運動してもダイエットにつながらない」という現象の理由としては、この基礎代謝の減少による影響が少なくないのです。

この**基礎代謝のうち7割以上は心臓や胃腸などの内臓を動かす筋肉（不随意筋）が消費するカロリーです。**これらの筋肉は「筋トレによって鍛えて大きくする」というような対象ではありません。筋トレで大きくできるような筋肉がかかわっている基礎代謝は全体の3割程度といわれています。

しかし、この3割部分の消費効率をアップすることにも大きな意味があるのです。たとえば、短距離走で大腿四頭筋《だいたいしとうきん》（太腿の表側の筋肉）や大臀筋《だいでんきん》（お尻の筋肉）、腕立て伏せで広背筋《こうはいきん》や上腕二頭筋《じょうわんにとうきん》などの「大きな筋肉」を鍛えれば、基礎代謝におけるエネルギーの消費効率も大きく上がります。

何より10代後半と30代後半の基礎代謝の違いは、男性の場合でわずか100キロカロリー。割合でいえば6％程度です。それだけの違いで、みなさんが体感している「太りやすさ」「やせにくさ」につながっているのです。そう考えると、**基礎代謝が数％上がるだけで「やせやすい身体」に大きくつながる**ことが理解できるでしょう。

筋肉は休ませながら鍛えなければ効率が悪くなる

「史上最速ダイエット」のためのトレーニングだからといって、毎日のように長時間のトレーニングを行う必要はありません。むしろ「**筋肉を休ませる日**」を計画に入れ**ずに過剰なトレーニングを行うと、筋肉の発達が妨げられてしまいます。**

筋トレとは、言い換えると「筋肉を傷つけ、破壊する行為」です。トレーニングによって傷つけられた筋肉は、トレーニング終了後には自動的に修復を試みます。

この修復作業の目的は、たんなる「原状復帰」ではありません。もう一度筋肉に同じ負荷をかけられたときに「今度は壊れないように」と筋肉を前より大きく、太く、丈夫にしようとします。筋トレマニアの人は、よく「筋肉は裏切らない」などといいますが、筋トレはやればやるだけ筋肉が強く、大きくなる。これが「**超回復**」**という人**

体が持っている基本的な機能のひとつです。

筋肉の修復作業には、材料であるたんぱく質がもちろん必須です。それに加えて十分な時間も必要とされます。この筋肉の修復作業中に起きる現象が「筋肉痛」です。筋肉痛が出ているときは、該当の筋肉には大きな負荷をかけないほうがいいでしょう。せっかく行っている筋肉の修復作業の邪魔になってしまいます。何より筋肉痛が出ているときは、トレーニングしたとしても筋肉に十分な負荷をかけることはできませんし、効率も非常に悪くなります。

どんなに早くやせたいと思っていても、筋トレは1日おき程度で十分です。しっかり筋肉を休ませる日をつくりましょう。「それでも、どうしても毎日筋トレをしたい」という人は、鍛える部位を意識的に変えてトレーニングすれば、そこまで「超回復」の邪魔にはなりません。

トレーニングと食事の相関関係

ダイエットのためには「燃費の悪い身体」（＝同じ行動をしても消費カロリーが大きい身体）をつくる必要があります。そのためにはトレーニングの大切さとともに、PART3で紹介した食事との相関関係にも気を配らなければいけません。これは「**食事のベストタイミング**」の問題ともかかわってきます。

破壊された筋肉を修復するためには、まずたんぱく質合成。現在の研究では、**トレーニングから約3時間後**が体内におけるたんぱく質合成のピークといわれています。このピーク時に合わせてたんぱく質の摂取をするためには、**運動後30分以内の食事**が効果的なのです。

もちろん摂取する食事も、なんでもいいわけではありません。筋肉の材料となるたんぱく質そのものに加えて、**体内で起こるたんぱく質合成の効率を上げる「アミノ酸」が含まれている食品を一緒にとるのがおすすめです。**

必須アミノ酸を多く含む良質のたんぱく質としては、牛乳やヨーグルト、卵などを挙げることができます。すでに述べてきたとおり「史上最速ダイエット」中の食事はMAXで1日2回程度。そのうちの1回をトレーニング直後にとることで、より「燃費が悪い身体」をつくることができるようになるのです。

ジムなどでトレーニングをしている人が、トレーニング終了後にすぐにプロテインを摂取する姿を見たことがある人もいるでしょう。あの一瞬が身体づくりのためには最も効果的なタイミングなのです。

週3〜4回、1日30分程度のトレーニングで十分

「史上最速ダイエット」であっても、**筋トレのスケジュールとしては1日おき、つまりは週3〜4日程度で十分です。**そのうえで、もし可能なら筋トレをしない日には軽くジョギングなどの有酸素運動を行うことをおすすめします。

また、1回のトレーニング時間も、およそ30分程度で十分です。1日1時間のトレーニングは、もはやアスリートが行うトレーニングのレベルです。

かつては長時間の練習を毎日行うことが当たり前だったアスリートですが、現代では筋肉を休ませる必要性が知れわたっているので、多くの競技で毎日1時間か、長くても2時間程度のトレーニングに抑えています。

イメージとしては、**最初の15分〜20分程度を無酸素運動（筋トレ）で、そのあとに**

クールダウンの意味も含めてランニングを行うかたちがおすすめです。

ただし、日常的にトレーニングをしているような人が少し太ってしまって「史上最速ダイエット」に挑戦するような場合は、通常より少し「無酸素運動」の割合を増やしたほうがいいかもしれません。トレーニングの強度を普段以上に上げなければ、なかなか身体が「現状維持」以上の結果を出そうとしてくれないのです。

私は基本的に、日常の一部としてトレーニングをしている人間なので、今回の「**史上最速ダイエット**」**のためには、30分程度のトレーニング時間のほとんどは無酸素運動に使っていました。**正直、無酸素運動と有酸素運動の身体への負担は前者のほうが圧倒的に大きいため、体力的には少しキツいです。しかし、「普段と同じ」より少しキツいトレーニングをしないと、身体が「いまの自分」を基準にして体型維持を目指してしまうのです。

日常的にトレーニングをしていなかった人の場合は、**無酸素運動と有酸素運動を「合わせて30分」**でまったく問題ありません。

トイカツ・メソッド3〜4種類＋ジョギングで完璧

本書のPART1で紹介している「史上最速ダイエット」用のトイカツ・メソッドは全10種類。「**腕立て伏せ**」などのおなじみのトレーニングから始まり、「**サイドステップ**」や「**足組み腹筋**」など。すべてが無酸素運動（筋トレ）であり、鍛える部位はトレーニングごとに異なります。

これも毎日、全種類を行う必要はありません。それぞれ1セットにつき30秒程度で終わるので、数セット×3〜4種類を行えば15〜20分程度のトレーニングになります。筋トレのボリュームとしてはそれで十分すぎるレベルです。

もし記してあるセット数や回数をこなすのが難しい場合は、「できる範囲」でやってみる、という意識で十分です。

その後、もしジムでのトレーニングならエアロバイク、そうでなければ軽いジョギングを15分程度行えば完璧です。

また、基本的に筋トレには「休みの日」をつくるべきですが、**鍛える筋肉が異なるトレーニングなら毎日行っても大丈夫です。**

「史上最速ダイエット」に実際に挑戦する前に、まずはPART3の「食事編」とPART4の「運動編」をいま一度しっかり確認しましょう。そこからPART2の「設計図のつくり方」を参考に、目標を定めるところから始めましょう。

あなたの「史上最速ダイエット」が、しっかり目標にコミットメントできることを祈っています。

PART 5

史上最速ダイエット【リバウンド防止編】

これが「コミットできる人」の考え方だ

「史上最速ダイエット」の大敵、リバウンド

「短期間に急激にやせる」こと自体は、それほど難易度が高いことではありません。その期間にしっかり正しい食事管理とトレーニングを実践していれば成果が出ないことはほとんどないでしょう。

しかし、実際に**首尾よく「史上最速ダイエット」の目標にコミットしたのち、その体重を1年間維持し続けられる人は驚くほど少ないものです。**多くはせっかく減量しても、1年後には半分近く体重が戻ってしまったり、もしくはやせる前の体重を超えてしまったりする人もいます。

これが世に名高い「リバウンド」です。

ちなみに「史上最速ダイエット」のように急激にやせた場合は、リバウンドする確率が高い、というような説がまことしやかに流れていますが、じつはこれはある意味正しく、ある意味間違いです。

「ひと月に自重の5％以内」という目安をきちんと守っているなら、「史上最速ダイエット」のような短期間のダイエットをすることで「体質的にリバウンドしやすくなる」ということはありません。では、何が問題なのか。

リバウンドする人としない人の違いは、ひとつだけ。**ダイエットを「生活習慣」にまで定着させることに成功しているか否か**、という部分のみです。

私の知人にも何度もダイエット→リバウンドを繰り返し、「趣味はダイエット。特技はリバウンド」と言い放つ人間がいます。彼は「趣味であるダイエットを何度も実行するために、リバウンドが特技になっているんだ」などと笑っていますが、本当は彼もやせたままの体重でいたいはずです。**私にいわせれば、彼は単純に「ダイエットの生活習慣化」に失敗してしまっているだけなのです。**

短期間の「史上最速ダイエット」で減量しただけの人は、その時点でダイエットが生活習慣として定着しているとはとてもいえません。

一方、はじめは「史上最速ダイエット」で短期間にズバッとやせ、そのあとも継続して1年、あるいはそれ以上かけてダイエットを実行し続けた人は「ダイエットの習慣化」に成功している可能性が比較的高くなります。

やはり人間、長年身体に染みついた生活習慣を変えるためには、最低でも1年くらいはかかってしまうものなのです。

はじめに述べたとおり、「史上最速ダイエット」はあくまで緊急避難的な意味合いを持ちます。本来のダイエットは、どこまで行っても「一生もの」です。**「史上最速ダイエットに成功したあとも、ちゃんとダイエットを続けられるか」という問題なのです。**

人間は「楽しいこと」しか続けられない

リバウンドしてしまう人は、逆にいえば「一度はやせることに成功した人」です。つまりは「自分がどういう生活をすれば太ってしまい、逆に、どういう生活をすればやせられる」ということを、知識としてはしっかり持っている人といえます。しかも体験的にも「やせることのメリット、魅力」も体験しています。

では、なぜ、そういう人は正しい知識を持ちながらも、ダイエットを習慣化することなくリバウンドしてしまうのでしょう。

「人間の弱さ」といってしまえばそれまでですが、人間はある行為が「正しいこと」だと認識していても、その行為が苦痛や忍耐をともなうものである場合、実行し続けることは非常に難しくなります。

たとえばダイエットジムのトレーナーに「こういう食事制限をして、これだけトレーニングし続ければ絶対に体重を維持できるのに、なぜやらないのですか！」と責められたとしても、多くの人は「なぜもクソもあるか！　やりたくないからじゃ！」と感じてしまうでしょう。ダイエットのための行動（食事管理と運動）は多くの場合、己の欲望を抑圧し、身体的なストレスを身体に刻み込む行為だからです。

一方、「夜中のラーメン」「トレーニングをサボって昼寝」「気づいたら大金をスマホゲームに課金」……。「正しいこと」とはあまりいえませんが、楽しいんですよね、これが。なかなかやめられません。人間はそれが仮に「正しくないこと」であると認識していても、「楽しいこと」であるなら容易に続けられるのです。

ここに「リバウンドしないためには」＝「ダイエットを習慣化するためにはどうすればいいか」という問いの答えがあります。**ダイエットを「楽しいもの」にしてしまえばいいのです。**

「楽しめるダイエット」を見つけよう

今回紹介した「史上最速ダイエット」のためのトイカツ・メソッドは、あくまでも筋トレです。筋トレももちろんハマれば楽しいものです。やればやるほど成果の実感がともなってくるので、それを「楽しさ」として続けられる人もいます。

しかし、基本的に孤独な作業でもあり、地道にやり続けることがどうしてもできない人もいるでしょう。そのあたりは個々の感性の違いなので、本人が「楽しくない」と思っているものを「いや、楽しいはずだ！」と言い張っても意味のないことです。

では、どうすればいいか。「史上最速ダイエット」の目標にコミットしてからでも構いません。「**あなた自身が楽しめるダイエット」を見つければいいのです。**普通にジムの器材で筋トレしたり、ロードランナーで走ったりするより「楽しいダイエット」が世の中にはたくさんあるでしょう。

もちろん生涯の趣味としての「**格闘技**」を世の中に定着させたいと考えている私としては、いちばんのおすすめは格闘技です。トイカツ道場のなかでも試合形式やスパーリングがない「ファイトフィット」なら、ボクシングやキックボクシング、柔術など多くの格闘技種目から自分が好きなものを選んでトレーニングできます。

会員のほとんどは完全な未経験の人たちです。それでも自分のペースで「徐々に強くなっていく自分」を実感しながらダイエットを楽しむことができます。

また、**道場には幅広い年代の男女が集まってきているので「仲間づくり」という面でも人生の楽しみになります。**ジムで出会った仲間としての人間関係から恋愛に発展していくカップルももちろんいます。「外国語を習得するためには、現地で恋人をつくるのがいちばん」などとよくいいますが、好きな人と一緒にトレーニングするのは何よりの励みになります。

もちろん「格闘技」をダイエットとして楽しめない人もいるでしょう。そういう人には近年流行の「暗闇系フィットネス」などはいかがでしょうか。

たとえば、いま都内を中心に増えているジム「b-monster」はそのまま「暗闇フィットネス」と銘打ち、会員のみなさんは暗闇のなかで大音量の音楽に身体を委ねて、思いっきりサンドバッグを叩いたりミットを叩いたりします。いわゆる「ボクササイズ」とも「ファイトフィット」での格闘技ともまた違った感覚で楽しめる「格闘系暗闇フィットネス」です。

さらに同じく暗闇フィットネス系のジムに「FEELCYCLE」というジムもあります。こちらは全国に35店舗以上存在する「暗闇バイクフィットネス」です。

ノリのいいクラブシーンとフィットネスを合わせるというコンセプトは「b-monster」に近いですが、こちらはバイクエクササイズの専門店。アドレナリンが出やすい暗闇で音楽を聴きながらのトレーニングは通常のフィットネスとはまた違った快感を得られるかもしれません。

これらのほかにも、いまの時代は「トランポリンのジム」や「ボルダリングのジム」、サーフボードに乗る「サーフフィットエクササイズ」など、「楽しむこと」に主眼を置いたエクササイズはどんどん増えています。

また、ジムではありませんが、私の友人のなかには週1でカヤックやカヌーを楽しむ人もいます。この人の場合はカヤックでいい成績を残すために普段の筋トレにも身が入るということ。ほかにも冬のスキーやスノボを思う存分に楽しむために、夏からしっかりトレーニングして体力づくりに勤《いそ》しむ人もいます。

このように「**楽しいアクティビティ**」**にハマることができれば、ダイエットは一気に「つらいもの」から「楽しいもの」になるのです。**「これ、楽しそう」と思ったらまずは体験してみて、「どうも違うな」と思ったらすぐに別のトレーニングに切り替える。大切なのは、自分が「楽しい」と思えるダイエット手段を見つけることです。

ダイエット成功後もコミットメントをつくり続ける

いろいろ体験を繰り返して、自分が楽しむことができるトレーニング法を見つけられたとします。トレーニングを「楽しいこと」に転化することができたら、ここでダメ押しです。「史上最速ダイエット」の計画を地道に実行するときにも行った「**モチベーションを維持するための裏ワザ**」を使いましょう。

すなわち、再びSNSなどを使って周囲の方々に「ダイエット成功！　現在の体重は○kg。この体重を維持します！」と宣言するのです。

ダイエットの最大の敵のひとつは「孤独」です。「誰も見ていない、誰にも見られていない」と思うと、さまざまな誘惑がここぞとばかりに襲ってきます。「この人はいま、ダイエット中だ」と知っている人が自分のまわりにたくさんいることは、大きな「誘惑ストッパー」になるのです。

これはPART2で述べたとおり、退路を断って「コミットメント力」を高めるためのテクニックであると同時に、「つらいこと」を「楽しいこと」に変えるテクニックでもあります。アスリートがつらいときにファンの応援が力になるのと同じですし、受験生が親や教師など周囲からの応援で頑張れるのと同じです。

たとえば、よく行く居酒屋の店主に「ダイエット中」であることを伝えておいたら、仮にその店で我慢ができなくなって、から揚げや飯ものを頼んだときも「アカン、こっちにしとき」と笑いながら、低糖質のサイコロステーキや串ものなどに無理やりチェンジしてくれるかもしれません。

すると、「あの店長、から揚げ食わせてくれなくてさ～」みたいな会話がまた楽しくなり、ダイエットを楽しんでいるという実感が湧いてくる。**とにかくダイエット中は孤独にならないように周囲を巻き込むことを心がけてください。**

「食事管理」はどうすれば楽しみながら続けられるか

これまで記してきた「リバウンド対策」は、主にトレーニング方法に特化してきました。しかし、**ダイエットで大切なのは「食事管理」と「運動」の両輪です。**しかも、どちらかといえば「食事管理」のほうがより重要です。

食事管理をしっかりすれば、トレーニングがあまりできていなくても成果が出ることはあります。しかし、いくらトレーニングをしても食事が糖質だらけの「太る食事」では、なかなか成果が出ることはありません。

では、「食事管理」を「つらいものから楽しいものへ」変えるためにはどうすればいいのでしょうか。この問題の解決法は、大きく分けて二つあります。

①禁忌（タブー）を楽しむ心を持つ

僧侶が正式な席などで口にする「精進料理」では、殺生や煩悩を刺激する「なまぐさもの」として肉や魚などを敬遠しています。もともとは中国から伝わったこの料理ジャンルですが、日本では宗派ごとに独自の進化を遂げ、季節の味をふんだんに楽しめる日本料理の神髄「懐石料理」にまで影響を与えました。肉が食べられないから、豆腐やこんにゃくを材料にした「肉もどき」が生まれました。湯葉を加工してハムに似せたり、しいたけをアワビに見せたり……。おでんの「がんもどき」も、もともとは雁《がん》の肉の代用品です。昔の僧侶たちの創意工夫は本当にたいしたものです。彼らは「これは食べてはいけない」という禁忌（タブー）があったからこそ、厳しく制限された条件下で最大の食道楽を味わおうと努力したのです。

一方、トイカツ流の食事管理はＰＡＲＴ３で記したように、**「基本は糖質オフ」「複雑な調理法、味の濃い料理はＮＧ」「加工食品はできるだけ避ける」「たんぱく質は肉を中心に、元の食材がわかる調理法で食べる」**というものです。精進料理に比べると、まったくもって禁忌がゆるいんです。一説によると、人がいちばん「おいしい」と感じるのが肉の脂だそうですが、その肉をたっぷり食べてもいいわけですから。

これを「○○（たとえばご飯）は食べられないのか……」と考えてしまうと、食事管理はいつまでたっても「つらいもの」から脱却できません。それより**精進料理の精神で「食べられるもので楽しい食生活を送ろう」と心の持ちようを切り替えるのです。**

そもそも「自由」というものはその性質として、多少の不自由があればこそそのありがたみがわかるものです。**「食べられないものがあること」を楽しむ心を持てば、残る「食べられるもの」を存分に楽しむことができるのです。**

②「完璧主義」から脱却する

価値観は本当に人それぞれで、「食べたいものを食べられないストレスが、生きていていちばんつらい」という人もいます。食事管理がなかなかできない人を一概に責めることはできません。

しかし、おもしろいのが、そういう「食べる快楽への思いが強い人」ほど、いざ食事管理をするとなると「徹底してやらなければ意味がない」と思ってしまいがちなところです。少しでもゆるめるとタガが外れてしまうと思い込んでいるのでしょう。

実際、多くの人が食事管理をやめてしまういちばんの原因は、自分のルールが厳密すぎて守れなかったときに「あぁ、もういいや」と考えてしまうことです。そうなるくらいなら、**ときどき自分に「食べたいものを食べること」を許してやることです。**

たとえば「やらなきゃいけない仕事があるけど遊びたい」というときに「まずは遊んで満足してから仕事にかかったほうが効率が上がる」という思考の人がいます。

こういう「一度気を抜いてから、その罪悪感（？）を仕事のモチベーションにする」タイプの人は、**週に1度くらいは食べたいものを食べて、その罪悪感で残りの日の食事管理を続ける**くらいの気持ちのほうが、完璧主義すぎてコケるよりずっと楽しく食事管理を続けられるものです。

「楽しみながらのトレーニング」に「楽しみながらの食事管理」。この両輪をそろえることができれば、ダイエットを「生活習慣」にまで定着させることができるでしょう。

そうすることで、ようやくリバウンドの恐怖から逃れることができるのです。

PART 6

トイカツが実践！

史上最速ダイエット

すべて自分の身体で「1カ月で5kg減」を大検証

期間：2019年1月18日（金）〜2月22日（金）の5週間
目標：5kg減（72・6kg→67・2kg）
計画：【食事】1日2食、低糖質食中心
【トレーニング】週3〜5日で1日30分前後。格闘技、筋トレほか

▼自重の5%を超える「5kg減」を目指したかったので、1カ月より少し長めの期間で設定。
▼戸井田自身が「楽しく続けられる」ことを重視して、通常の筋トレに加えてキックボクシング（格闘技）トレーニングをメインに。さらに普段（週2〜3日）よりトレーニング頻度を上げて、減量へとつなげる計画。

料理写真撮影：戸井田カツヤ

1/18（金）

ダイエット
スタート！

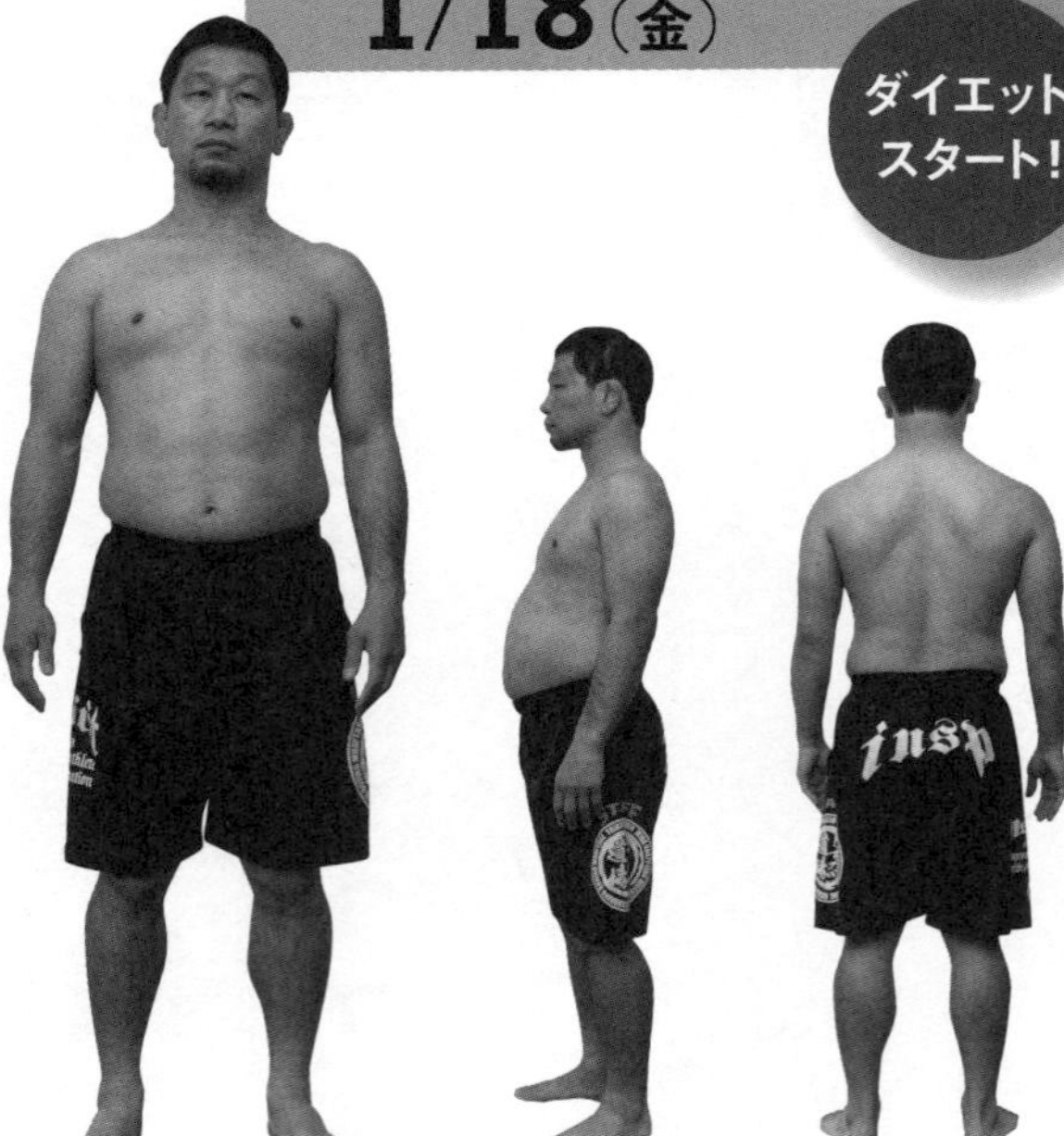

故障によるトレーニング不足もあり、現役引退以来、最高体重に。シルエットも鈍重になり、ズボンの上の腹部にたっぷり脂肪がついているのがわかる。

体重 ››› 72.6kg

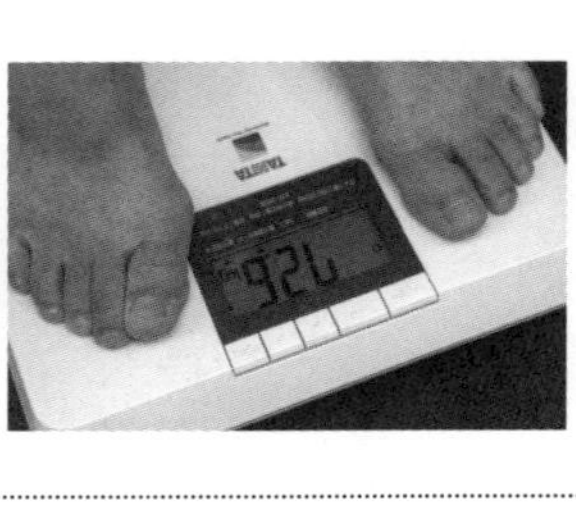

1/19（土）

トレーニング

縄跳び10分、シャドー3分×3ラウンド、キックミット3分×2ラウンド

食事

昼13:00▶キムチ、オイキムチ、野沢菜、納豆、十六穀米
夜20:00▶牡蠣鍋（味噌、白菜、えのき、しめじ、まいたけ）、ポテトサラダ（玉ねぎ、にんじん、きゅうり、じゃがいも、ゆで卵）

体重 ⋙ 72.2kg

1/20（日）

トレーニング

縄跳び10分、シャドー3分×3ラウンド、キックミット3分×2ラウンド

食事

昼13:00▶牡蠣雑炊、キムチ、オイキムチ、野沢菜
トレーニング後▶フルーツ（パイナップル、ぶどう、キウイ、いちご）
夜20:00▶ブリのアラ鍋（ブリアラ、白菜、だいこん、まいたけ、春菊、味噌）

体重 ⋙ 72.0kg

1/21（月）

トレーニング

腕立て20回×2セット、片足スクワット10回左右×2セット、足組み腹筋30回×2セット、仰向けジャンプ10回×2セット

食事

昼11:30▶アラ汁、十六穀米、キムチ、野沢菜
夜17:30▶ラムしゃぶ、野菜（レタス、ねぎ、玉ねぎ、もやし）

体重 >>> 71.8kg

※ラムの脂肪は48度以上じゃないと融解しないので、人の体内では吸収できない！　タンパク質のみ吸収できる！

1/22（火）

トレーニング

縄跳び10分、シャドー3分×3ラウンド、キックミット3分×2ラウンド

食事

昼13:00▶ブリの照り焼き、野菜サラダ、キムチ、野沢菜
おやつ15:00▶パイナップル2カット
夜18:00▶馬肉（馬刺し、焼き）、焼き野菜（エリンギ、ねぎ、白菜）

体重 >>> 71.6kg

1/23（水）

トレーニング

縄跳び10分、シャドー3分×3ラウンド、キックミット3分×2ラウンド

食事

昼11:00▶ヨーグルト（はちみつ、バナナ、パイナップル）
夜17:00▶すし9貫（マグロ中トロ、ハマチ、ブリ、サーモン）

体重 >>> 71.2kg

1/24（木）

トレーニング

腕立て20回×2セット、片足スクワット10回左右×2セット、足腹筋30回×2セット

食事

昼13:30▶クリスプワークサラダ（ブロッコリー、アボカド、雑穀米、パクチー、チキンほか）
夜18:30▶ラムしゃぶ

体重 >>> 71.2kg

1/25（金）

1週間経過

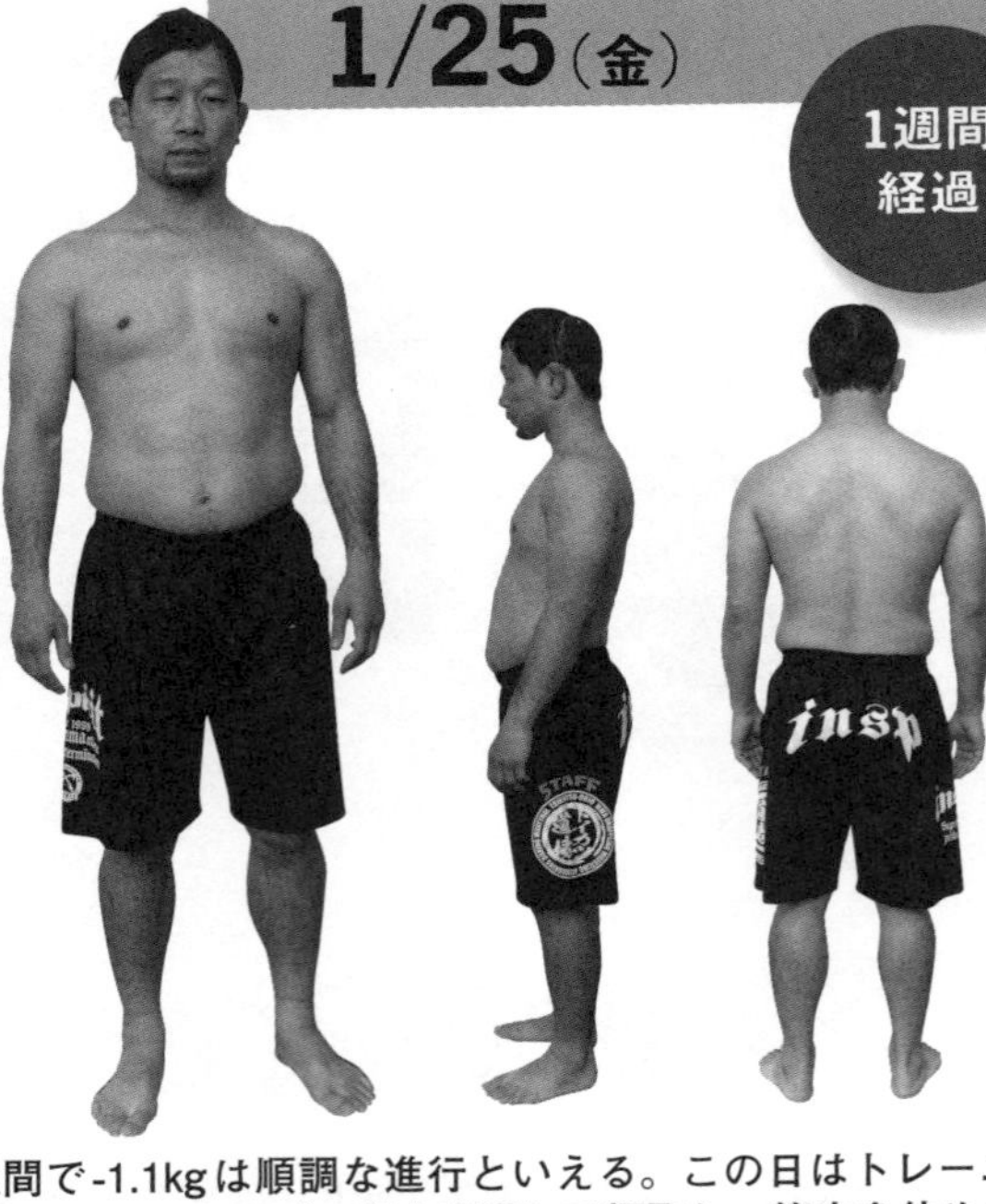

1週間で-1.1kgは順調な進行といえる。この日はトレーニングなしとしてたんぱく質を意識して摂取し、筋肉を休めることに専念する。その分、体重は前日より少し増える。

トレーニング

休み

食事

昼12:00▶ハラミ定食、十六穀米茶碗1/4

夜18:30▶豚しゃぶしゃぶ

体重 ››› 71.5kg **-1.1kg**

1/26(土)

トレーニング

縄跳び10分、シャドー3分×3ラウンド、キックミット3分×2ラウンド

食事

昼12:00▶おにぎり1つ
夜21:00▶焼き豚、野菜サラダ

体重 >>> 71.0kg

1/27(日)

トレーニング

縄跳び10分、シャドー3分×3ラウンド、キックミット3分×2ラウンド

食事

昼15:00▶チキンプレート、野菜サラダ

体重 >>> 70.5kg

1/28（月）

トレーニング

休み

食事

昼12:30▶参鶏湯、ライス小
夜19:30▶豚しゃぶしゃぶ（豚、ねぎ、にら、白菜）

体重 ≫ 71.0kg

1/29（火）

トレーニング

縄跳び10分、シャドー3分×3ラウンド、キックミット3分×2ラウンド

食事

昼14:00▶シュラスコ（ハラミ、イチボ）、オニオンサラダ

体重 ≫ 71.0kg

1/30（水）

トレーニング

腕立て20回×2セット、片足スクワット10回左右×2セット、足腹筋30回×2セット

食事

昼12:00▶牛ステーキ300g
夜17:30▶豚しゃぶしゃぶ（ねぎ、まいたけ、白菜）、ヨーグルト

体重 ››› 71.0kg

1/31（木）

トレーニング

縄跳び10分、シャドー3分×3ラウンド、キックミット3分×2ラウンド

食事

昼▶おにぎり1個
夜▶豚すき焼き（豚肉、ねぎ、春菊）

体重 ››› 70.7kg

2/1（金）

2週間経過

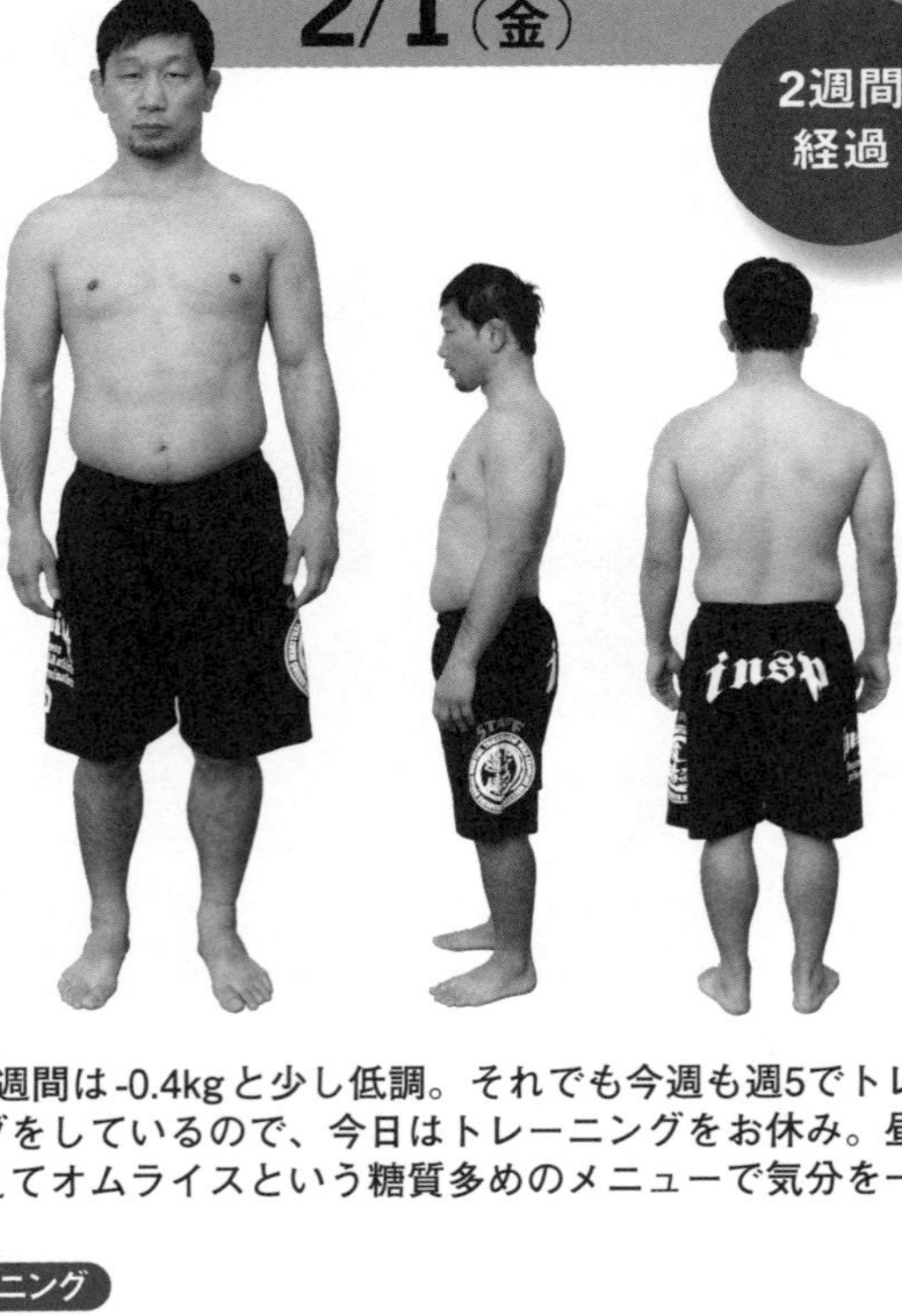

この1週間は-0.4kgと少し低調。それでも今週も週5でトレーニングをしているので、今日はトレーニングをお休み。昼食もあえてオムライスという糖質多めのメニューで気分を一新。

トレーニング

休み

食事

昼11:30▶オムライス、野菜サラダ
夜17:00▶ジンギスカン

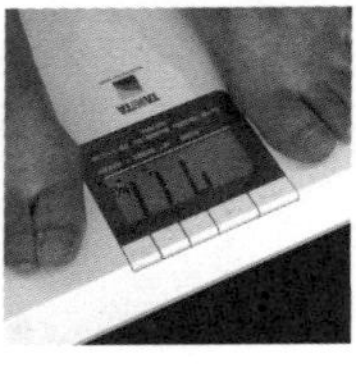

体重 >>> 71.1kg -1.5kg

2/2（土）

トレーニング

縄跳び10分、シャドー3分×3ラウンド、キックミット3分×3ラウンド

食事

昼14:00▶ポークジンジャーステーキ、野菜サラダ、ライス
夜20:00▶チキン丸焼き、野菜サラダ

体重 >>> 70.8kg

2/3（日）

トレーニング

縄跳び10分、シャドー3分×3ラウンド、キックミット3分×3ラウンド

食事

昼11:00▶ヨーグルト、パン
夜18:00▶牛すき焼き

体重 >>> 70.5kg

2/4（月）

トレーニング

腕立て20回×2セット、片足スクワット10回左右×2セット、足腹筋30回×2セット

食事

昼13:30▶ヘルシーランチ定食(玄米、かぼちゃ、さつまいもほか)
夜20:00▶だいこん鍋、豚肉、だいこんサラダ

体重 ››› 71.0kg

2/5（火）

トレーニング

休み

食事

昼13:00▶豚しょうが焼き、野菜サラダ、玄米
夜18:00▶すし8貫（マグロ、中トロ、ハマチ、エンガワ、サーモン）

体重 ››› 70.8kg

2/6（水）

トレーニング

休み

食事

夜17:00▶牛ステーキ、野菜サラダ

体重 ››› 70.8kg

2/7（木）

トレーニング

縄跳び10分、シャドー3分×3ラウンド、キックミット3分×3ラウンド

食事

夜18:00▶しゃぶしゃぶ（豚肉、牛肉、ねぎ、白菜）

体重 ››› 70.4kg

2/8(金)

3週間経過

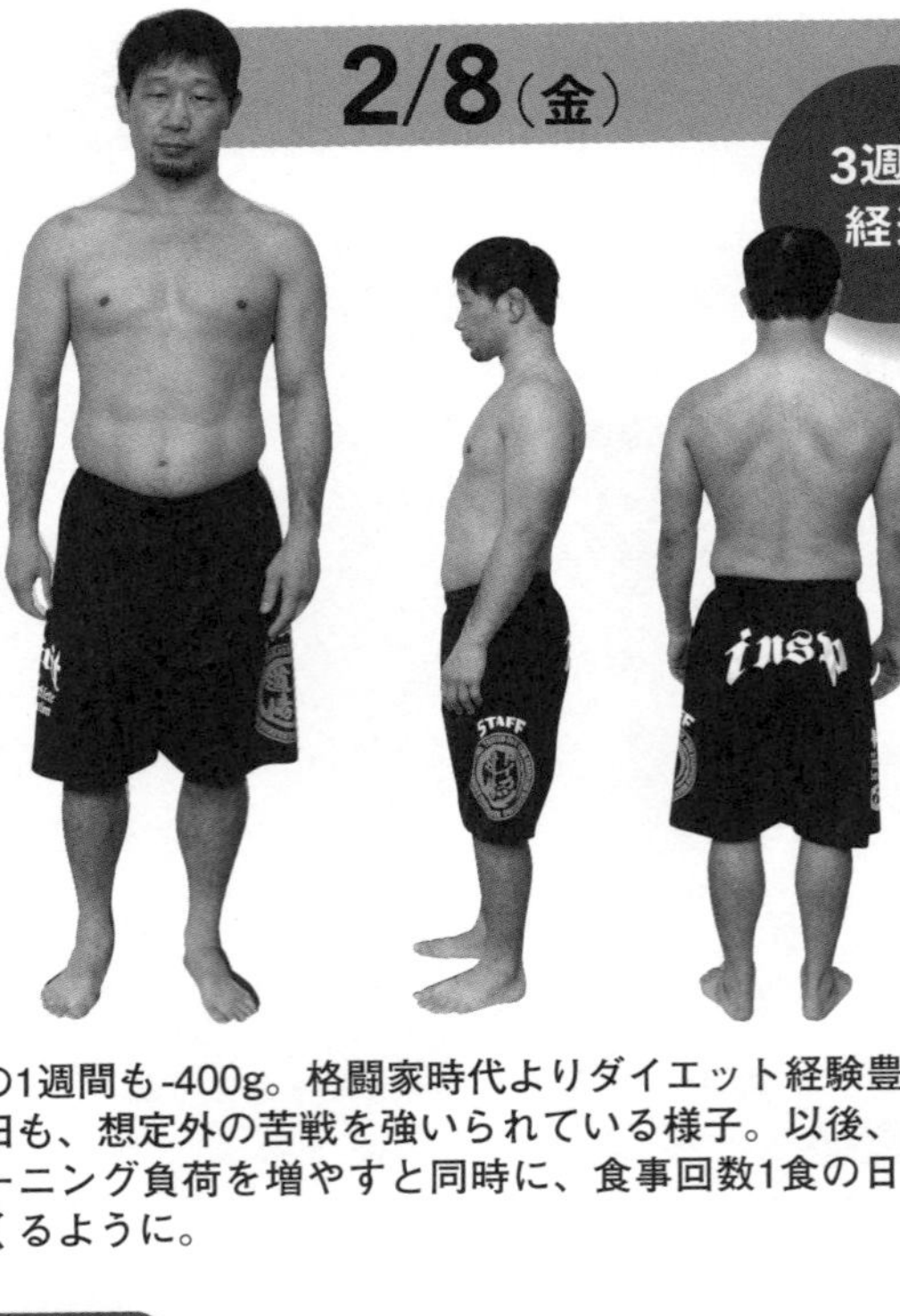

この1週間も-400g。格闘家時代よりダイエット経験豊富な戸井田も、想定外の苦戦を強いられている様子。以後、少しトレーニング負荷を増やすと同時に、食事回数1食の日も増えてくるように。

トレーニング

腕立て20回×2セット、片足スクワット10回左右×2セット、足腹筋30回×2セット

食事

昼12:00▶そば、カツ丼（米抜き）

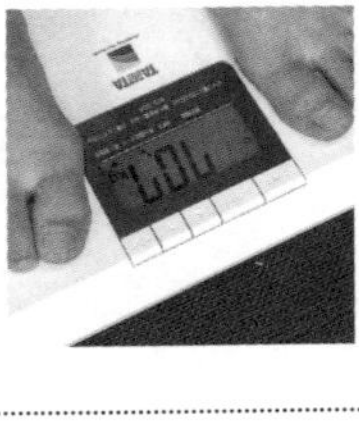

体重 >>> 70.7kg -1.9kg

2/9(土)

トレーニング

縄跳び10分、シャドー3分×3ラウンド、キックミット3分×4ラウンド

食事

昼12:00▶豚丼、十六穀米、山芋サラダ
夜18:00▶焼き肉(ハラミ、イチボ、タンほか)

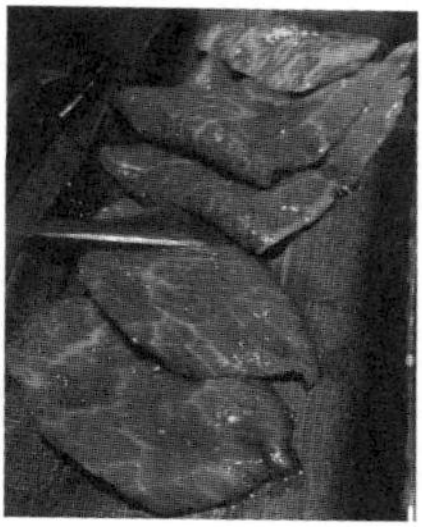

体重 >>> 70.5kg

2/10(日)

トレーニング

休み

食事

夜18:00▶シュラスコ(イチボ、ハラミ、豚肉、チキン)、野菜サラダ

体重 >>> 70.4kg

2/11（月）

トレーニング

縄跳び10分、シャドー3分×3ラウンド、キックミット3分×4ラウンド

食事

昼14:00▶豚定食（ライスなし）、焼き鮭、野菜サラダ

体重 >>> 70.0kg

2/12（火）

トレーニング

休み

食事

昼13:00▶十六穀米、納豆、キムチ、野菜サラダ
夜20:00▶牛すき焼き（牛肉、ねぎ、白菜）

体重 >>> 69.9kg

2/13（水）

トレーニング

休み

食事

朝10:30▶ヨーグルト、キウイ、ぶどう
夜18:30▶鶏から揚げ、ポテトサラダ

体重 >>> 69.8kg

2/14（木）

トレーニング

縄跳び10分、シャドー3分×3ラウンド、キックミット3分×4ラウンド

食事

昼17:00▶納豆、雑穀米（茶碗半分）、卵
夜22:00▶牛ステーキ、おでんだいこん、刺身

体重 >>> 69.5kg

2/15（金）

4週間
経過

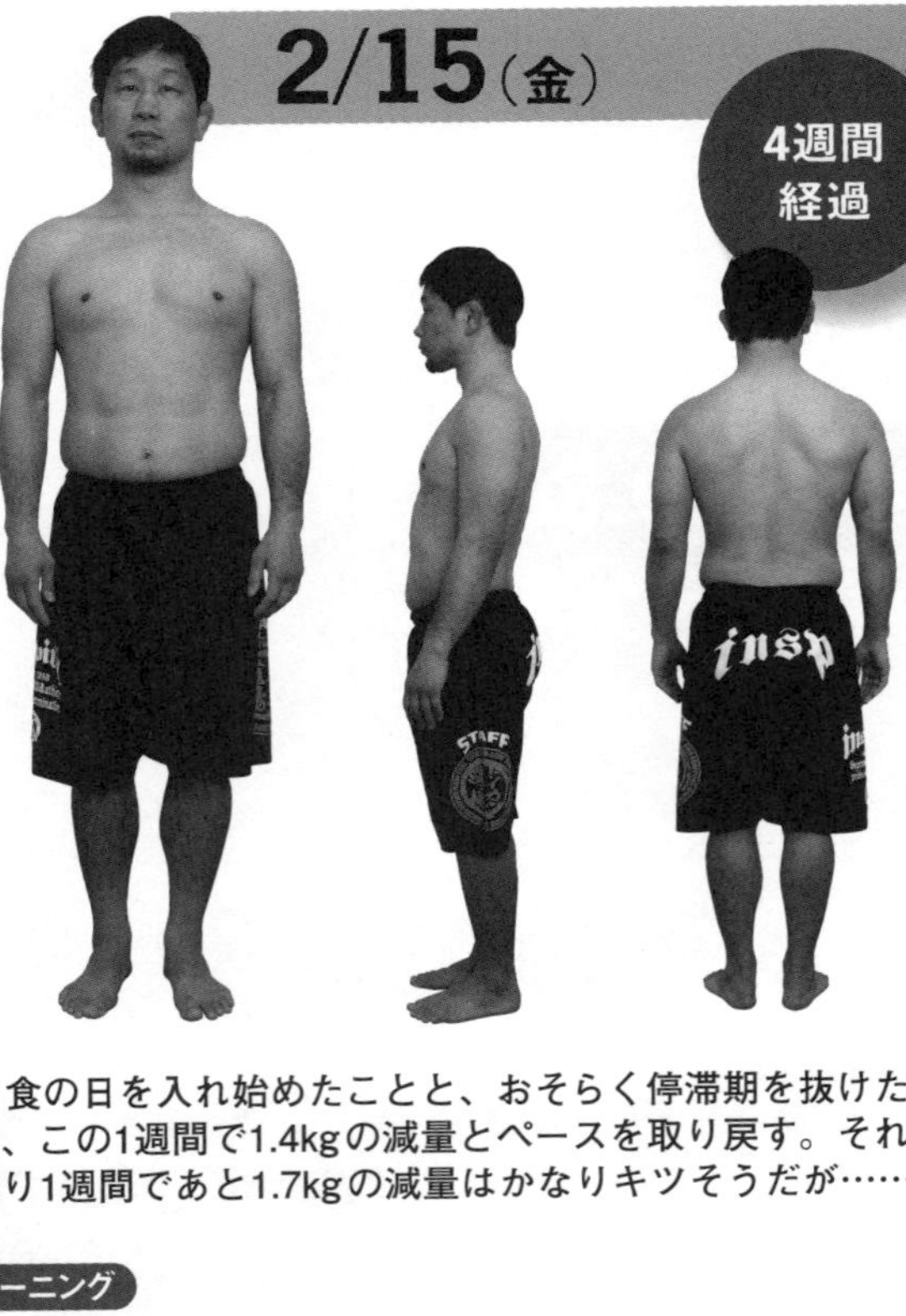

1日1食の日を入れ始めたことと、おそらく停滞期を抜けたことで、この1週間で1.4kgの減量とペースを取り戻す。それでも残り1週間であと1.7kgの減量はかなりキツそうだが……。

トレーニング

休み

食事

昼12:00▶マトンカレー、チーズナン
夜23:00▶納豆、ねぎ

体重 ››› 69.3kg **-3.3kg**

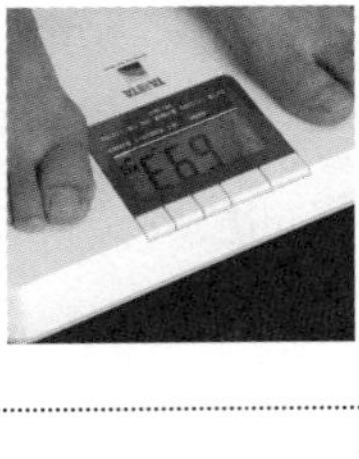

2/16（土）

トレーニング

縄跳び10分、シャドー3分×3ラウンド、キックミット3分×4ラウンド

食事

昼13:00▶牛ステーキ

体重 >>> 68.9kg

2/17（日）

トレーニング

休み

食事

夜21:00▶チキンソテー、野菜サラダ

体重 >>> 68.4kg

2/18（月）

トレーニング

縄跳び10分、シャドー3分×3ラウンド、キックミット3分×4ラウンド

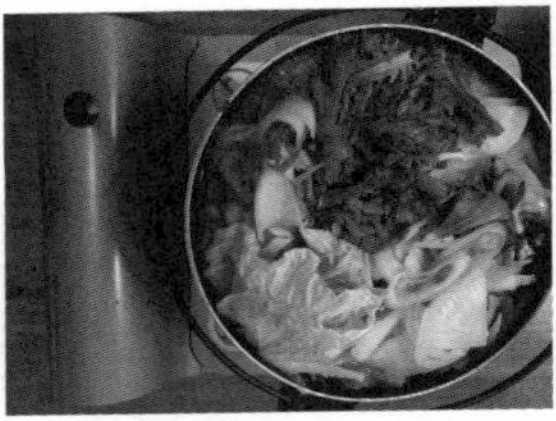

食事

昼▶ヨーグルト
夜18:00▶だいこん鍋

体重 ››› 68.2kg

2/19（火）

トレーニング

腕立て20回×2セット、片足スクワット10回左右×2セット、足腹筋30回×2セット

食事

夜20:00▶牛焼き肉（ハラミ、カルビ、ザブトンほか）、野菜サラダ

体重 ››› 67.8kg

2/20（水）

トレーニング

縄跳び10分、シャドー3分×3ラウンド、キックミット3分×4ラウンド

食事

昼14:00▶牛ステーキ

体重 >>> 67.4kg

2/21（木）

トレーニング

縄跳び10分、シャドー3分×3ラウンド、キックミット3分×4ラウンド

食事

昼14:00▶ねぎキムチ、野沢菜
（水抜きダイエット）

体重 >>> 67.0kg

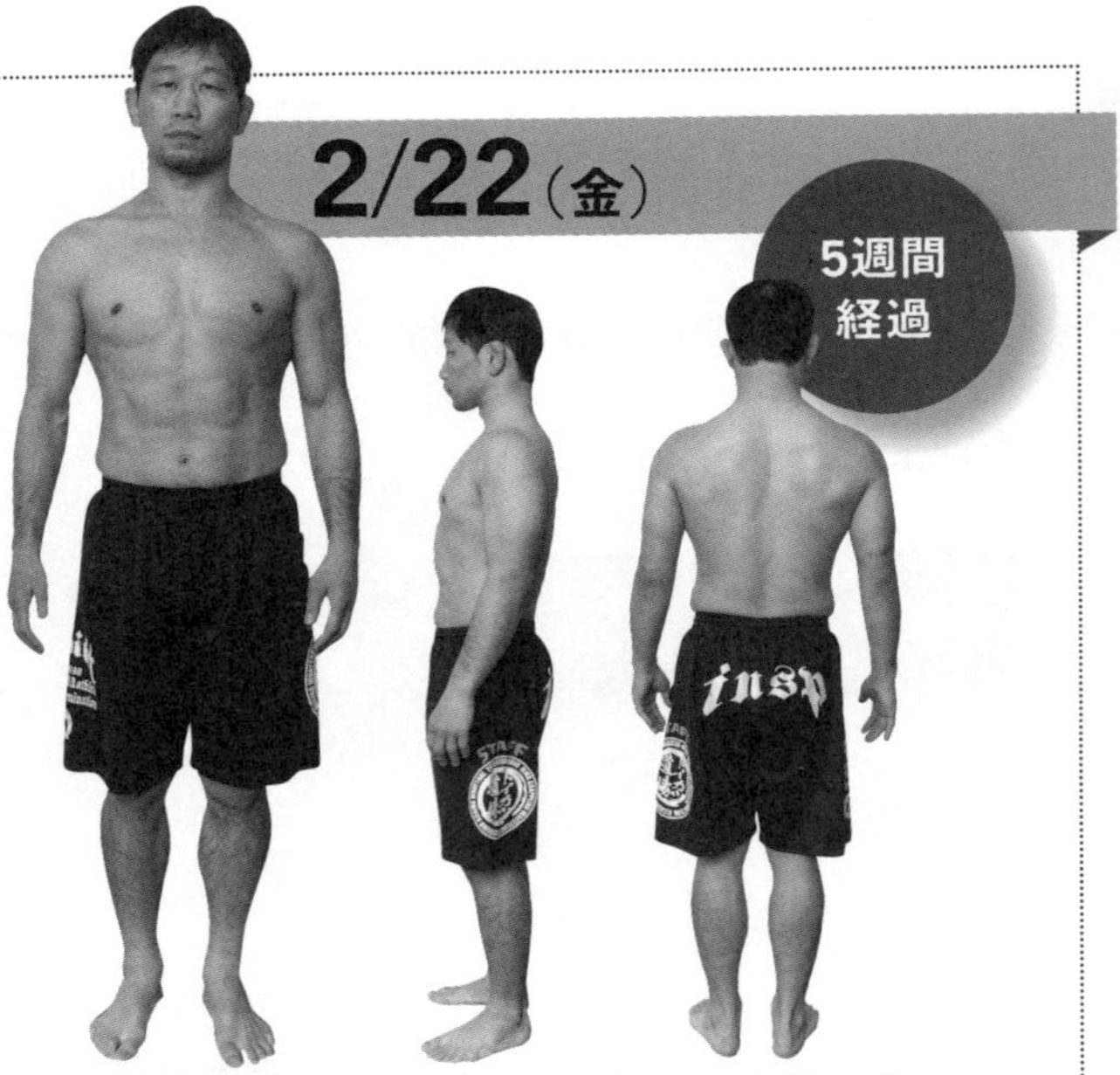

最後の1週間の追い込みがすごい。計量前日に水抜きダイエットまで行ったかいもあり、達成困難かと思われていた目標を大幅に超える-6.1kgの減量に成功！　腹回りのシルエットも大きく変わっている。154ページの写真と見比べてみよう。

トレーニング

縄跳び10分、シャドー3分×3ラウンド、キックミット3分×4ラウンド

食事

なし

※計量後に牛ステーキを摂取

トイカツコメント

最後は少し反則技も使いましたが、なんとかコミットできてホッとしました。現在の体重は少し減りすぎですが、今後はずっと68kg以下を維持していきます！

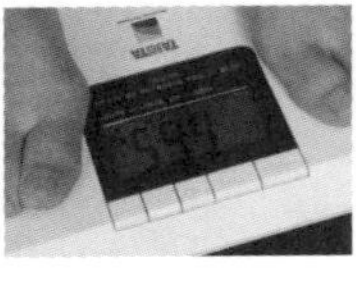

体重 >>> 66.5kg　-6.1kg

PART 7

【巻末特別企画】

上念 司（経済評論家）×戸井田カツヤ

ダイエットは最もリターンが大きいビジネス戦略である

戸井田カツヤのビジネスパートナーであり、格闘技仲間でもある経済評論家の上念司氏が戸井田カツヤと対談。事業家として成功している二人が本書のテーマ「史上最速ダイエット」の必要性と、「ダイエットとビジネス」の相関関係について語りつくします。

意識が高い人でも「史上最速ダイエット」が必要なときはある

――まずは本書のテーマ「史上最速ダイエット」について。トイカツさんはもちろん、上念さんも普段から格闘技道場に定期的に通っていてダイエットの意識も高いので、とくに関係ないように思われますが……。

上念司（以下、上念） いや、それがあるんですよ。それこそ2018〜2019年の冬は「ヤバい！」と感じて、けっこう本気で「史上最速ダイエット」をしました。

戸井田カツヤ（以下、トイカツ） 何があったんですか？

上念 昨年（2018年）の11月、1週間ほどアメリカに講演旅行に行ったんですよ。

トイカツ あー……、海外はヤバいですね。

上念 ですよね（笑）。わずか1週間の旅行なのに、4kgも太って帰国しました。講演旅行でご招待を受けたので、僕を招待してくれた方々が毎食、毎晩のように歓迎してくれるわけです。それでなくても海外で外食すると1食のボリュームが日本と違いますからね。

トイカツ　さらに移動も多いし、普段週1とか週2でやっているトレーニングをする時間も取れなくなる。しかも「まぁ、旅先でまで節制してもなぁ……」という思いもあるから、つい普段は食べないものまで食べてしまうんですよね。

上念　そんな話をすると「うまいもんばっか食ってる」ように聞こえるかもしれませんが、逆に海外って、僕らみたいな食生活をしている人にとっては「食うものがない」から困るんですよね。

トイカツ　本書でも記しましたが、日本では「炭水化物に気をつけてヘルシーな食生活を送ろう」と考えたときも、いくらでもおいしいものはありますからね。でも、たとえばハワイに行ったときにいちばんおいしかったものって、マクドナルドのハンバーガーですよ……。まず炭水化物オフの食べ物が、とくに外食だとほとんどない。

上念　また、ホテルで朝食がついていたりしたら、やはりもったいなくて食べてしまいますからね。僕は日本では朝食なんてほとんど食べない。食べたとしてもお茶とヨーグルトぐらいですから、海外との差は歴然です。できるだけ朝食がついていないホテルを選ぶようにしています。

トイカツ　「じゃあ、アメリカでもヨーグルトを買って食べればいいじゃん」と思っても、ほぼ100％、砂糖がどっさり入っていますからね。場合によっては、お茶にまで入っている。スーパーで売っているお茶が甘いんですよ、信じられます？（笑）

上念　「昼食は軽くラップサンドですませよう」と思っても、トルティーヤのボリュームが半端ないし、かかっているソースも甘くてヤバい味。さらにコーラも飲み放題だし（笑）。じゃあ次の日は肉だけならＯＫだろうと「フライドチキン」を注文したら、チキンのデカさもさることながら、もれなく山盛りのフレンチフライがついてくる。さすがにそれは残しましたね。

トイカツ　旅行中は自炊しようと思っても、さすがにできないですからね。そんな生活をしちゃったら、１週間で４kg太ったと（笑）。

上念　そこから忘年会シーズンでしょう？　さすがにヤバいなと思いましたよ。なので、普段は週1だった道場に週2で通うようにして、運動強度も少し上げました。普段より柔術のスパーリングを1本増やしたりね。あとは徹底的な食事制限。僕の場合、夜は会食が多いので食べないわけにはいかないから、朝と昼をかなり軽くしたんです。

トイカツ　僕も昨年は「月1で海外に行く」と宣言してそれにコミットしていたので、上念さんと似たような経験をして太ってしまいました。あと、昨年後半にちょっとトレーニング中に故障して、3カ月くらいトレーニングができなくなってしまったのも大きかった。復帰してから、しばらく通常どおりのトレーニング＆食事節制をしていたのですが、なかなか元に戻りませんでした。まぁ、おかげで今回、この本のための「史上最速ダイエット」を自分の身体で実践できたわけですが（笑）。

通常のダイエットでも初期は「史上最速」をしたほうがいい

トイカツ　急激に太ったときは、ゆるやかに落とすより、できるかぎり急激に落としたほうがいいですよね。お腹が出た状態では、いままではできていたトレーニングも動きが鈍くてできなくなっているから、「少しずつ落とそう」としても苦しい時間が長く続く。

上念　お腹が出ていると見た目も当然ヤバいですが、運動をしていて腰にくることが多いんですよね。僕の体型だと3～4kgくらい太ったらもう動きに影響が出るので、逆にいえば、それくらい落とせば一気にトレーニングの負担が軽くなる。短期間、ちょっとダイエットの強度を上げることで、その後が楽になるんですよ。

トイカツ　一般的には、1カ月で落とす限界としては自分の体重の3～5％くらいといわれています。上念さんの体型で一気に10kgとか落としちゃうと身体が飢餓状態を感じて歯止めがきかないくらいに食欲がアップしてしまう。当然、リバウンドも近くなる。

上念　僕は今回、4kg落としましたけど、これくらいなら食欲は全然増えませんでしたね。むしろ胃が小さくなるのか、少し食べるとお腹いっぱいになっちゃう。これ以上、短期間に落としたら飢えたり渇いたりして身体に悪い影響が出ちゃうと思います。

トイカツ　1カ月ちょっとで頑張って5％落として、そこから動きが楽になったら、ジワジワと適正体重まで落としていく。はじめにできるだけ短期間で「動ける身体」をつくることが、ダイエットを成功に導くコツといえるかもしれません。

上念　はじめからジワジワ落とすこともできないわけではないですが、やっぱり最初にある程度落としてしまったほうが楽です。普通にダイエットすることを考えたときも、最初は少しハードにやったほうが成功に近づく、ということかもしれませんね。ダイエット初期のほうが結果が目に見えて出やすいこともあり、モチベーションアップにもつながりますし。

「史上最速ダイエット」のコツはビジネスの成功に通底している

――実業家として成功されているお二人は、口をそろえて「ダイエットの成功はビジネスの成功につながる」とおっしゃっていますね。一見、それほどかかわりがないように思えるのですが……。

トイカツ　いや、体重コントロールできない人はやっぱり成功できませんよ。

上念　やっぱり「健康であることがいちばん大切」というのは、成功している経営者はみんなわかっていますよ。実際、ベンチャー企業の経営者に投資家が求めているいちばん重要な資質は「健康であること」ですからね。

トイカツ　肥満が直接的、間接的にかかわりがあるといわれている疾患は、糖尿病に高血圧、脳卒中や心臓疾患など枚挙にいとまがありません。

上念　調べてみると3年ほど前、アメリカのハーバード公衆衛生大学院とイギリスのケンブリッジ大学が中心となった研究チームが「重度の肥満では寿命が10年短くなる」と発表していました。さらにＢＭＩ25以上の場合、ＢＭＩが5上昇するごとに死亡リスクが31％上昇する計算になるそうです。３００以上の研究機関で５００人以上の研究者が参加して、32カ国１０６０万人のデータを解析した結果ですから、これはもうファイナルアンサーですよね。

トイカツ　生命のリスクにまでいたらなくても、実際に血糖値が高い状態（肥満になりやすい状態）になると、だいぶさまざまな動きに影響が出てきます。正直、僕も今回のダイエットをする前は、食事のあとに眠くなることが少なからずありました。でも、ダイエットしてからはそれがなくなってきた。そもそも眠くなるのは血糖値の急上昇

→急降下による作用なので、血糖値を急激に上げる炭水化物をほとんどとらない食生活にすると、思考もクリアになってきますね。

上念　頭が冴えている時間が長ければ、必然的にビジネスの戦略を練ることができる時間も長くなる。実際、因果関係は明確にはわかりませんが、僕のビジネスが上昇気流に乗ったタイミングと、僕が「身体づくり」に目覚めたタイミングってピッタリ合っているんです。

トイカツ　上念さんが柔術を学び始めたのは、僕と会う少し前なんですよね。

上念　そうですね。大学2年生のころまで空手をやっていたので、もともと格闘技に興味はあったんです。でも大学卒業から10年くらい経過して、気づいたら10kg以上太ってしまった。健康診断で非常に悪い数値が出てすごくショックだったんです。そこで、当時普及し始めていたインターネットでダイエット情報を検索して、「とにかく筋肉量を増やすこと」と「摂取カロリーを減らすこと」を徹底しました。

トイカツ　どんなトレーニングをしたんですか？

上念　懸垂とスクワット、腹筋をローテーションで毎日ですね。食事は、朝は200

キロカロリー、昼は400キロカロリー、夜はまぁ「食べすぎない」レベルの食生活をしていたら、みるみるやせました。78kgからスタートして、半年で62kgくらいまでやせたし、体脂肪率も8%くらいまで落としました。さすがに、これはやりすぎましたね。

トイカツ　8%はすごい。アスリートそのものですね。

上念　さらに僕は作家デビューと格闘技デビューがかぶっているんです。ちょうど僕が1冊目の本を出した2010年に柔術を始めているんですよ。また、このころから、本を出すと同時にいろいろなビジネスも展開し始めました。僕が立ち上げからかかわっている勝間和代《かつまかずよ》のオンラインサロン「勝間塾」がスタートしたのも2011年3月。いまはオンラインサロンがすごく増えていますが、その先駆けみたいなものです。それでいて、いまでも会員数はオンラインサロンのなかで2位、売り上げも2位なんですよ。ちなみに会員数1位は西野亮廣《にしのあきひろ》さんのオンラインサロン、売り上げ1位は堀《ほり》江貴文《えたかふみ》さんのオンラインサロンです。それでも2011年にスタートして、2019年の時点で過去最高の収益を上げているんだからすごいと思いませんか？　実際、柔術のトレーニングで学んだ戦略的思考は、これらのビジネスに大きく役に立っていると思います。

トイカツ　格闘技のなかでも柔術の、とくに寝技の攻防は戦略的で、ビジネスの戦略立案にかなり近いですからね。「何をすれば相手を倒せるか」を考え、目標を立てて、二手、三手の先を読み、臨機応変に対応して……。

上念　本当にビジネス上の戦略や瞬時の判断に関しては、柔道で培った部分が大きいように思います。また、よくいわれるように柔術はトレーニングすればするほど強くなります。地道に長時間、目的に向かって邁進《まいしん》する「精神力」が鍛えられるんです。僕の作家としてのビジネスも、最初に3万部売れたあとはずっと1万部ぐらいで低迷してたんですけど、「継続は力なり」ってことでずっと本を出させてもらって、何冊目かな……。2016年にやっと11万部を超えるヒットが出ました。柔術のトレーニングのように、売れなくても売れなくてもリフレ政策の重要性を説き続けてきたのが、なんとか結果につながったのかなと。

トイカツ　柔術もそうですが、ダイエットも同じですよ。きわめて地道に、真っ当な努力をこつこつ続ける能力がなければ、ダイエットもビジネスも成功させることなんかできません。

目的を明確に定めてやるべきことを取捨選択する力もダイエットで身につけられる

トイカツ　僕も格闘家として35歳まで試合に出場していましたが、引退前から道場経営には携わっていました。30代になったころには「あれっ？　自分はこちら（経営）のほうが向いているんじゃないか？」と思い始めていたんです。そこで勝間和代さんの経営セミナーを受講したところで、お会いしたのが上念さんです。

上念　セミナーでトイカツさんの姿を見たときはビックリしましたよ（笑）。格闘技好きとしてはもちろん存じ上げていましたからね。「トイカツさんじゃないですか!?」ってテンションが上がりました（笑）。

トイカツ　そこから、上念さんとの協力態勢で、「格闘技を生涯スポーツに」という、いまの「ファイトフィット」の理念にたどり着いた。このコンセプトがよかったですよね。

上念　もともとはネットの動画配信で、格闘技のコンテンツをつくろう、というプランからスタートしたんですよね。でも「これはリアルで会員制の道場をつくったほうがよくないですか？」ということになって。

トイカツ　1軒目のファイトフィット渋谷道玄坂《しぶやどうげんざか》は消費増税の直後ということもあり少し苦労しましたが、1年もたたないうちに軌道に乗って、2軒目のファイトフィット秋葉原《あきはばら》で一気にブレイクした感じですね。

上念　そのころには、僕のほうは「勝間塾」が軌道に乗っていたので、定額課金制のビジネスの要諦はかなりつかめてきていたんです。でもトイカツさんは僕が何もいわなくても大事なところを独学で身につけていらしたので、すごい人だな……と思った記憶があります。

トイカツ　初期は年に1〜2店舗でしたが、いまは年間で10店舗以上を新規オープンさせています。これも年のはじめにFacebookで「今年のビジネスの目標」を具体的に公表して、それにコミットするように頑張っているから。「期限を決めて明確な目標を立て、そこにいたるまでの道筋を考えて実行する」。これはそのままダイエットに成功するための思考回路と同じですよ。

上念　トイカツさんが格闘家を引退して経営者になったように、自分の武器は何かを判断して、必要がないものは思い切って捨ててしまうことも大切。この判断力も柔術のトレーニング中の思考につながると思います。僕も本が売れ始めてから動画にも呼ばれるようになり、インターネット動画から地上波の朝のワイドショー『スッキリ！』（日本テレビ系）のレギュラーにもなりましたが、すぐに「地上波は自分の道じゃない」とスパッと卒業しました。柔術で得意じゃないポジションは練習してもしかたがないからあきらめて、得意なことを伸ばすのと同じです。

トイカツ　勝間さんも先日「バラエティ番組卒業」を発表していらっしゃいましたね。でも、地上波の出演って、本の売り上げなどにもつながるんじゃないですか？

上念　これが意外と効率が悪いんですよ。朝のワイドショーは異常に長い時間拘束されるのですが、2時間30分出演しても5回くらいしかしゃべらないでしょ？　視聴者の記憶になんか残りませんって（笑）。それより、いま出演しているネット動画の『虎《とら》ノ門《もん》ニュース』は2時間まるまるしゃべれて、視聴者数はライブとアーカイブを合わせると70万人近くいますからね。単純に視聴率に換算すると0・7％なんです。でも、ネット動画はわざわざクリックして見に来てくれる人が多いので視聴者のモチベーションが高いんです。テレビと違って「ながら視聴」が少ないので、実際は「視聴率1％の2時間番組を持っているのと同じ」感覚なんですよ。先日も著書の宣伝をさせてもらったら、その本が3日間くらい連続でアマゾン1位になっていましたからね。地上波でチラッと出たくらいじゃ考えられませんよ。

トイカツ　自分に合うか合わないかというのは、けっこう「楽しいか楽しくないか」という判断ともズレないように思いますね。人間、「正しいこと」だから続けられるとはかぎらない。意外と「楽しいこと」しか続けられないんじゃないですかね。

上念　そうですよね。僕も実際に格闘技をなんで続けられるかといったら、ダイエット（身体づくり）のためもありますが、何より「楽しいから」ですからね。試合などに出てもメリットはないので、プロになりたいと思ったことはないですが（笑）。

トイカツ　この本で書いたような、短期間で結果を出す「史上最速ダイエット」なら、明確な目標と戦略、意志の強さがあれば、意外と結果を出せたりするんです。でも僕の基本的なスタンスは「ダイエットは一生かけて行うもの」ですからね。そうなると、楽しくないとモチベーションを維持できなくなる。

上念　いま流行しているジョギングも、なんだかんだいって「走っていると楽しい」と思う人しか続けられないですしね。ダイエットについても、個々でストイックにやるだけでなく、仲間とワイワイしながら楽しくできるに越したことはないですね。

トイカツ　もちろん「トイカツ道場」をその「楽しみながらのダイエットの場」に選んでもらえると僕としてはうれしいですが。いまはほかにも「楽しみながらダイエットして健康になる」ことを目的としたスポーツ教室や施設は山ほどありますからね。ダイエットは「やせて見た目がよくなる」だけでなく、「健康になり」「ビジネスの成功も近づき」「貧困からも脱却できる」といういいことずくめの趣味ですから、ぜひみなさんにも楽しみながら実行できるような手段を見つけてほしいですね。

（2019年2月22日、トイカツグラップリング東中野《ひがしなかの》にて収録）

上念 司

じょうねん・つかさ

経済評論家。1969年、東京都生まれ。中央大学法学部法律学科卒業。在学中は1901年創立の弁論部・辞達学会に所属。日本長期信用銀行、臨海セミナーを経て独立。2007年、経済評論家・勝間和代と株式会社「監査と分析」を設立。取締役・共同事業パートナーに就任（現在は代表取締役）。2010年、米国イェール大学経済学部の浜田宏一教授に師事し、薫陶を受ける。金融、財政、外交、防衛問題に精通し、積極的な評論、著述活動を展開している。著書に『財務省と大新聞が隠す本当は世界一の日本経済』（講談社＋α新書）、『タダより高いものはない』『経済用語 悪魔の辞典』（イースト・プレス）、『官僚と新聞・テレビが伝えないじつは完全復活している日本経済』（SB新書）、『日本を亡ぼす岩盤規制』『経済で読み解く日本史（全5巻）』（飛鳥新社）などがある。2013年12月より毎月、八重洲・イブニング・ラボ（https://y-e-lab.cd-pf.net/home）の主任研究員として講演活動を行っている。

おわりに

史上最強の「問題解決術」としてのダイエット

最後まで読んでいただいてありがとうございます。
最後に恐縮ですが、みなさんに根本的な問いをひとつ投げかけさせてください。

みなさんは、なぜ「ダイエットしたい」と考えているのですか?

この問いに対しての答えは、たとえば「太ってしまって体調が思わしくないので、健康な身体を取り戻したい」「水着が似合う身体になりたい」「好きな異性の気を引きたい」など、人により異なるでしょう。

そこからさらに質問を重ねたらどうなるでしょうか。「なぜ、あなたは健康な身体を取り戻したいのですか?」「なぜ、あなたは水着が似合う身体になりたいのですか?」

「なぜ、好きな異性の気を引きたいのですか？」。

普通は「自明の理」として、あらためて問われない質問だと思われますが、ここでは一歩踏み込んで、あえて考えてみてください。

そこからさらに、その答えに対して「**あなたはなぜ、そう考えるのですか？**」**と問いを重ねていく。**これを繰り返していけば、あなたが人生において「何を大切に思っているか」「どんな人生を幸せだと、成功だと考えているか」が見えてきます。いわばこの質問の積み重ねは、己の自我と向き合うキッカケとなる行為です。

さて、このように「幸せ」や「成功」の正体は人それぞれ異なります。しかし、その「幸せ」や「成功」を手に入れるためには、たいていの場合は「ビジネスにおける成功」を避けては通れません。

起業家ばかりではありません。企業のなかでの出世や自営業者としてのサクセスなども含め、**ある程度の収入的余裕がなければ、どんな「幸せ」も「成功」も手に入れることは難しいでしょう。**

トイカツ流ダイエット本の第2弾として出版したこの本ですが、食事管理やトレーニングについてのノウハウは前著とそれほど大きく変わっていません。あえていうなら、糖質に対する「本当は必要ないんじゃないか」という思いが私のなかで前著より増した程度です。

今回の本で強調したかったのは、具体的な食事管理の知識やトレーニング法ではありません。むしろPART2で取り上げた「**ダイエットを成功させるための考え方**」です。本書では「**史上最速ダイエットの設計図**」と呼ばせていただきました。

とくに短期間で結果にコミットメントすることが必要になる「史上最速ダイエット」においては、この「設計図」がきわめて重要です。

実現可能なレベルで最高値の目標を立てる力、そこにいたるまでの過程を細分化して「日々の約束事」にまで落とし込む力、そしてその計画を地道に実行する力、トラブルが起きたときには計画を省みて再構築し、再び目標に向かって邁進する力……。いわゆる「**コミットメントカ**」を分析してみると、これがビックリするほどビジネスを成功に導くためのコツと通底しているのです。

ダイエットがビジネスと通底しているという話は前著でも少し触れていました。しかし、あれから3年半のうちに「トイカツ道場」の規模を約5倍にも拡大した経験を経て、この思いはさらに強くなりました。

巻末の上念司さんとの対談のとおり、「ダイエットは最もリターンが大きいビジネス戦略である」。**ダイエットを成功に導くためのノウハウのなかには、ビジネスを成功に導くためのノウハウがふんだんに入っているのです。**

本書はもちろん「短期間でのダイエットを成功させるためのノウハウ」がつめ込まれた本です。しかし、そのなかには「ビジネスを成功に導くためのノウハウ」もたっぷりつまっています。そしてそれは「幸せな、成功する人生を送るためのノウハウ」にもつながっていくのです。

「努力した者が全て報われるとは限らん　しかし！　成功した者は皆すべからく努力しておる‼」

これは人気ボクシングマンガ『はじめの一歩《いっぽ》』のなかで主人公・一歩の師匠にあたる鴨川《かもがわ》ボクシングジム会長が放った名言です。この言葉はボクサーに向けての言葉ですが、ビジネスにおいても努力がすべて成功につながるわけではありません。

この本の内容が「必ずあなたの人生を成功に導く」とは、もちろんいえません。

しかし、**「必ずあなたのダイエットを成功に導く」**ことはできる本には、なっていると思います。そしてダイエットが成功に導かれることが、あなたの人生を成功に近づけることは間違いありません。

前著で記したことですが、日本人がみなダイエットに成功すれば生活習慣病はなくなる。ビジネス的なスキルも上がるので、いまの日本の生産性の低さ（先進国平均よりかなり下）も克服される。異性にモテるので少子化問題はクリアされ、高齢化社会における介護の問題も解決に近づきます。少なくともそういう思いで、私はこの2冊のダイエット本を出版しました。

この本を手にとってくださったあなたが「史上最速ダイエット」を成功させ、いま以上の人生の幸せを手に入れられることを心より願っております。

戸井田カツヤ

本書の執筆にご協力いただいたみなさん（2019年2月、トイカツグラップリング東中野にて撮影）

名前（所属）：タイトル
［後列左から］
•小川竜輔（立川アルファ）：修斗プロ選手
•中原 謙（東京柔術）：ブラジリアン柔術黒帯
•河村泰博（和術慧舟會AKZA）：パンクラス プロ選手
•浦辺俊也（トイカツ道場）：GRACHAN プロ選手
•窪田泰斗（D'sBox'n'Fit）：DEEP プロ選手／DEEPフューチャーキングトーナメント2015バンタム級 優勝
•門脇英基（TT.M URUSHI DOJO）：第7代修斗世界フェザー級王者
•保坂 健（トイカツ道場）：第1回D-NETエキスパートフェザー級 準優勝
•渡辺修斗（ストライプル新百合ヶ丘）：初代Fighting NEXUSバンダム級王者／UWW世界グラップリング選手権62kg級 優勝／世界コンバットレスリング選手権68kg級 優勝／全日本選抜サンボ選手権 62kg級 優勝
•ジェイク ムラタ（パラエストラTB）：修斗・パンクラス・Fighting NEXUS プロ選手／JML公認 第2回全日本Aクラスルールトーナメントバンタム級 優勝&MVP
•房野哲也（リベルダージ）ZST プロ選手／ブラジリアン柔術茶帯 2009ジェネシストーナメント 優勝／2006コパドムンド紫プルーマ 3位
•杉本 孝（パラエストラTB）：ブラジリアン柔術黒帯／全日本ブラジリアン柔術選手権茶帯フェザー級 優勝

［前列左から］
•若松佑弥（TRIBE TOKYO M.M.A）：パンクラス第22回ネオブラッド・トーナメント フライ級 優勝／ONE Championship 参戦
•大越崇弘（TRIBE TOKYO M.M.A）：修斗・DEEP プロ選手
•石井宏幸（頂柔術）：ブラジリアン柔術紫帯／全日本マスター柔術選手権紫帯ライト級 優勝
•長谷川孝司（今成柔術）：ブラジリアン柔術紫帯 パンクラス プロ選手／第3回『西日本パンクラスゲート・ゲート』大会 MVP
•戸井田カツヤ（トイカツ道場）：全日本コンバットレスリング選手権 優勝&MVP&最多一本賞／アブダビコンバット世界大会 日本代表 元修斗世界ライト級 1位／元修斗環太平洋ライト級 1位
•村田卓実（今成柔術）：ブラジリアン柔術茶帯／2002年 コンバットレスリング オープントーナメント3位／2003年 全日本コンバットレスリング選手権 -60kg級 準優勝／2004年 全日本コンバットレスリング選手権 -62kg級 優勝／2005年 パンクラス プロ・アマ キャッチレスリング オープントーナメント』-70kg級 準優勝／2005年3月 アブダビ・コンバット日本予選 -65.9kg級 準優勝／ZST・パンクラス プロ選手
•清水清隆（TRIBE TOKYO M.M.A）：修斗・パンクラス プロ選手／2007年 KAMINARIMON CLIMAX '07 55kg級 優勝／2009年 第7回東日本サンボ選手権大会 62kg級 優勝／2009年 第15回ネオブラッド・トーナメント フライ級 優勝／2010年 第2代フライ級キング・オブ・パンクラス王座
•金原正徳（リバーサルジム立川ALPHA）：戦極フェザー級グランプリ2009 優勝／2009年 初代SRCフェザー級王座／UFC参戦
•寒河江寿泰（トイカツ道場、今成柔術）：ブラジリアン柔術茶帯／第6回 全日本ノーギ柔術選手権 エキスパートフェザー級 準優勝／第7回 全日本ノーギ柔術選手権 エキスパートフェザー級 3位

■参考文献

戸井田カツヤ『プロ格闘家流「できる人」の身体のつくり方』（イースト・プレス）
江部康二・監修『Dr.江部の健康食の新常識１００』（宝島社）
森拓郎『運動指導者が断言！　ダイエットは運動９割、食事１割』（ディスカヴァー・トゥエンティワン）
船瀬俊介『できる男は超小食　空腹こそ活力の源！』（主婦の友社）
ＱＵＰＩＯ健康コラム『その食べ物の塩分、何グラム？』https://www.qupio.jp/3197
ＯＭＲＯＮ健康コラムvol.35『腹八分目で健康寿命を延ばす』
https://www.healthcare.omron.co.jp/resource/column/life/35.html

世界標準《せかいひょうじゅん》のビジネスエリートが実践《じっせん》する
プロ格闘《かくとう》家《か》流《りゅう》 史《し》上《じょう》最《さい》速《そく》ダイエット

2019年 6 月 3 日　第1刷発行
2019年11月22日　第3刷発行

著　者　戸井田《といだ》カツヤ

ブックデザイン　福田和雄（FUKUDA DESIGN）
本文DTP　坂従智彦
編集協力　奥津圭介
医療監修　蓮池林太郎

発行人　川辺直哉
発行所　株式会社 清談社Publico
〒160-0021
東京都新宿区歌舞伎町2-46-8 新宿日章ビル4F
TEL：03-6302-1740　FAX：03-6892-1417

印刷所　中央精版印刷株式会社

ISBN 978-4-909979-00-1 C0075

清談社
Publico

http://seidansha.com/publico
Twitter @seidansha_p
Facebook http://www.facebook.com/seidansha.publico